VILLENAVE

— NANTES : 1792-1802. —

Par ÉVARISTE COLOMBEL,

AVOCAT,

ANCIEN MAIRE DE NANTES.

(Extrait de la REVUE DES PROVINCES DE L'OUEST. — 2e *Année,* 1854-1855.)

NANTES,

And GUÉRAUD ET Cie, IMPRIMERIE-LIBRAIRIE

DU PASSAGE BOUCHAUD.

1855.

VILLENAVE.

I.

Né, en 1762, à Saint-Félix-de-Caraman, — mort, dans ces dernières années, à Paris, — Villenave (1) n'appartient à notre ville ni par son berceau, ni par sa tombe. Il n'y a donc aucune raison nantaise de faire dans cette *Revue* la biographie de Villenave.

Malgré certaines qualités, Villenave n'occupera jamais, parmi les lettrés, qu'un rang secondaire, conservé plus ou moins longtemps par le souvenir d'un petit nombre, et qui tendra à s'effacer. La postérité, déjà très-fatiguée de nos legs, se montrera de plus en plus difficile. Il n'y a donc pas de motif suffisant à une critique générale des œuvres de Villenave. Puis, ses travaux ont trouvé des juges compétents; il y aurait plus que de la témérité à vouloir entreprendre de nouveaux examens.

Villenave a employé les dernières années de sa vie à des études diverses de littérature et de bibliographie. Il avait coopéré à la fondation de la Société de Morale chrétienne et du Comité de la Paix. Ces occupations ont, certes, leur mérite. C'est, sans contredit, la partie heureuse et utile de la vie de Villenave. Mais ce n'est pas, à coup sûr, la partie attrayante et dramatique, la seule qui intéresse un lecteur et qui justifie ou explique ces retours qu'on aime parfois à faire sur quelques contemporains récemment disparus.

Villenave a été l'hôte de Nantes. Il y a passé, non sans y laisser quelques souvenirs. C'est cette page de sa vie que nous désirons

---

(1) Matthieu-Guillaume-Thérèse. Son père était médecin.

faire revivre. Cette époque de son existence a été mêlée à ces grands événements de la Révolution, qui, quoique localisés et relégués sur une scène provinciale, élèvent ou écrasent les hommes, en tout cas, fournissent leur mesure.

Voici comment Villenave, dans des notes qu'on dit émanées de lui et qui n'ont reçu qu'une publicité partielle, a crayonné, trop rapidement peut-être, les dix ans de sa vie nantaise :

« ..... Je me rendis à Nantes, en 92, pour me marier à une
» anglaise, femme aussi supérieure par le cœur que par l'esprit. Ce
» mariage me fixa à Nantes, et j'y embrassai la carrière du barreau.
» J'ai été avocat, ou plutôt défenseur officieux, à Nantes, depuis la
» fin de 1792 jusqu'après le Consulat. Ma première cause fut un
» triomphe ; je fus depuis heureux dans presque toutes les causes
» qui se présentèrent, excepté dans la mienne. Arrêté le 9 septembre
» 1793, je ne devins libre que deux mois après le 9 thermidor. J'avais
» couru les dangers de mourir du typhus dans les prisons de Nantes,
» d'être fusillé à Ancenis, noyé à Angers, guillotiné à Paris, où j'eus
» des conclusions à mort, et où le jugement des 132 Nantais, qui fut
» imprimé et qui commence par moi, me déclare atteint et convaincu
» d'avoir conspiré contre l'unité et l'indivisibilité de la république,
» avec ce raisonnement singulier : « Mais, attendu qu'il ne l'a pas
» fait avec des intentions contre-révolutionnaires, déclare qu'il est
» acquitté et mis en liberté... »

» Je retournai à Nantes en l'an III ; j'y défendis Charette, le géné-
» ral Montbrun, gouverneur de Saint-Domingue, tous les émigrés,
» tous les prêtres mis en jugement. Je ne demandais rien et je fus
» mal payé. A me voir plaider tant de causes majeures, toute la
» ville et ma famille même croyaient que je gagnais annuellement
» des sommes considérables, tandis que j'avais bien de la peine à
» recevoir un millier d'écus par an. L'ingratitude de tant de nobles
» clients, qui m'embrassaient, qui pleuraient même de joie d'avoir
» conservé par mes soins leur vie et leur fortune, me dégoûta...
» Lorsque l'établissement de l'Université régla l'ordre du barreau,
» je négligeai de prendre mes degrés. J'eus peut-être tort... A la fin
» de l'année 1803, je vins me fixer à Paris, et je me logeai rue
» Saint-Victor, à un cinquième étage, dans l'appartement du poète
» Delille..... J'embrassai avec ardeur la carrière du savant et de
» l'homme de lettres... »

Cette esquisse, dont le style laisse parfois beaucoup à désirer, ce qui fait douter que Villenave en soit réellement l'auteur; cette esquisse, disons-nous, permet d'entrevoir la vérité, mais ne lui enlève pas tous ses voiles. Il y a des choses que Villenave ne dit pas, ou qu'on ne dit pas en son nom. Il met particulièrement en relief, toutefois sans assez de détails, sa rude profession d'avocat. Nous nous promettons bien de le suivre sur ce terrain, qui a plus d'un charme pour nous. Mais Villenave ne fait qu'une allusion assez indirecte aux événements politiques. On dirait qu'il n'y a pris qu'une part purement passive. A le lire, on resterait volontiers indécis sur le camp auquel il appartenait. Nous nous trompons : quand on entend Villenave parler de son arrestation, de ses dangers, des conclusions prises contre lui, de son acquittement; quand on croit découvrir une légère teinte d'ironie voilée contre l'unité et l'indivisibilité de la république; quand on le voit, de retour à Nantes, le conseil et le défenseur de Charette et du général Montbrun; quand il parle de ses nobles clients, émigrés et prêtres, qu'il accapare un peu trop : à tout cela, à ces signes, on s'imagine aisément que Villenave tenait un peu au parti royaliste, bien plus assurément qu'au parti républicain. Il y a là une partie omise. Villenave avait accepté avec enthousiasme le mouvement de l'époque. Du reste, il le dit lui-même, en parlant de 89 : « Je quittai l'habit clérical, et j'embrassai avec l'ardeur des âmes
» généreuses cette grande cause du peuple, au nom de laquelle,
» plus tard, quelques hommes égarés devaient commettre tant de
» crimes irréparables. »

Villenave, et ceci nous reporte à ses débuts littéraires, avait donc été l'abbé *de* Villenave. Il s'explique aussi sur cette particularité de son existence :

« Je résignai ma prébende à un de mes frères, et j'annonçai le
» dessein que j'avais de voir Paris et d'entrer dans les gardes du
» corps... Je partis, emportant avec moi les bénédictions de ma mère,
» un vague souvenir d'une novice du couvent des Saintes-Claires,
» mon bâton de voyage et une modique somme d'argent. Je laissai
» derrière moi bien des cœurs attristés, bien des yeux mouillés de
» larmes; j'avais promis de revenir.... Je n'ai jamais revu ni ma
» mère, ni cette jeune fille, ni mon pays. — En arrivant à Paris en
» 1783, un obstacle que je n'avais point prévu m'empêcha d'entrer
» dans les gardes du corps; il aurait fallu faire deux ans de surnu-

» mérariat, et par conséquent avoir un peu de fortune. Je résolus de
» conserver l'habit ecclésiastique, qui donnait entrée dans le monde
» et une espèce de considération que recherchèrent sous le même
» costume les abbés Prevost, Mably, Barthelemy, Ricard et tant
» d'autres (¹).

    » L'abbé Ricard, le savant et vertueux traducteur de Plutarque,
» me servit de père et m'aima toute sa vie ; ce fut lui qui m'ouvrit la
» carrière de l'éducation. Le duc de Richelieu me confia l'éducation
» des fils du duc d'Aumont, et je partis pour la terre de Courteille.
» Là, commença pour moi la plus douce et la plus riante époque de
» ma vie. Je devins l'ami de cette noble famille, et les belles années
» de ma jeunesse s'écoulèrent au château de Versailles et au château
» du duc de Pienne. Là, je voyais souvent Mme de Staël, et je puis
» dire que, sans avoir rien fait pour mériter ses bonnes grâces,
» j'étais accueilli par elle avec toutes sortes de préférences. Je n'en
» tirais point alors vanité. J'y ai songé depuis avec reconnaissance.
» — Cependant, la fortune, qui semblait me sourire en toutes choses,
» avait poussé Mme la duchesse de Polignac à parler de moi à la
» reine Marie-Antoinette. On pensait à me nommer précepteur du
» Dauphin. Je fus présenté à la reine.... Quelques mois après, la
» Révolution éclata et me jeta à 27 ans dans la tourmente poli-
» tique.... »

Villenave arriva à Nantes en 1792. Dès les premiers jours de 1793,
il était membre de la société Vincent-la-Montagne. Il avait déjà
atteint les hauteurs du patriotisme. Bientôt, une occasion se présenta
à Villenave d'exprimer presque officiellement son opinion et ses ten-
dances politiques.

---

(1) Nous avons un opuscule signé : L'abbé *de* Villenave. C'est une ode en
l'honneur du prince Maximilien-Jules-Léopold de Brunswick. Il s'agissait de célé-
brer, sous le titre de dévouement héroïque, l'action fort belle assurément du
prince, qui, dans une inondation de l'Oder, s'était jeté à l'eau et avait sauvé un
malheureux qui allait être submergé. Si le fait était beau, il ne méritait peut-être
pas tant de fanfares, et l'ode se ressentit de la maigreur du sujet. Cette ode
concourut pour le prix de l'Académie française ; il y a avertissement et épigraphe, le tout imprimé à Paris, en 1786. Il n'y a rien à en dire autre chose. Villenave, en retrouvant ses souvenirs, dira de lui : « Je faisais des madrigaux fades,
des épigrammes sans sel.... » Avec un homme qui se rend ainsi justice, on se
trouve tout à l'aise, et nous pouvons ajouter à l'examen de conscience littéraire
de l'écrivain : Des odes sans inspiration.

La Convention avait délégué trois de ses membres à Nantes, Nion, Treilhard et Mazade, commissaires, à l'effet d'organiser la défense des côtes. La guerre avait été déclarée à l'Angleterre. Mais, à cette époque, toute mission militaire se compliquait d'une mission politique. C'est à ce titre que les trois conventionnels furent reçus par la société Vincent-la-Montagne. Villenave porta la parole. Il fit valoir les titres de civisme de la ville de Nantes. Le moment, du reste, semblait bien choisi. Deux armateurs de Nantes avaient sollicité et obtenu de la municipalité la permission de nommer leur navire, armé en course, le *Sans-Culotte nantais*. La harangue de Villenave n'offre rien qui mérite une mention hors part. On peut peut-être relever ce passage :

« Dites à la Convention que vous avez vu (il parle des Nantais)
» des républicains fiers sans insolence, chauds sans exagération,
» sages sans *modérantisme;* des républicains qui n'appartiennent à
» aucun parti, ralliés à la volonté générale, soumis aux lois, pleins
» de respect pour leurs représentants, se confiant sans inquiétude,
» mais sans aveuglement, dans les autorités qu'ils ont constituées au
» milieu d'eux. »

Nous applaudissons à cette pensée, qui était peut-être une protestation contre les journées de septembre : — « Dites à la Convention que
» les troubles n'ont point agité notre ville, que le sang de nos frères
» n'a point souillé nos mains, et que la loi, s'il est des traîtres parmi
» nous, sera le seul ministre de la vengeance populaire. »

Ce que Villenave est en politique, on le voit. En littérature, il est de son époque, qui, à part quelques rares exceptions, était de l'école de Thomas. Villenave ne dédaignait pas les énumérations, et se passait la fantaisie de l'antithèse. Il n'évite pas l'emphase, témoin ce couplet final : « Le soleil ne doit plus éclairer la République que
» libre ou déserte. La liberté régnera dans la France, debout, avec
» vingt-cinq millions d'hommes, ou le despotisme n'y trouvera que le
» silence de nos tombeaux. » La phrase était à effet et elle dut en produire; mais nous avons un vague souvenir d'avoir vu cette pensée autre part (¹).

Ce fut Treilhard, depuis l'une des lumières du Conseil d'État impérial, qui répondit à l'allocution de Villenave. On sent déjà dans

---

(1) Réminiscence d'un discours d'Isnard à la Législative.

Treilhard cet esprit pratique, ce bon sens, si utiles dans la préparation des lois. Treilhard a bien dans son instrument quelques cordes
sonores, montées et tendues au ton du jour ; mais ces sacrifices à
l'époque et aux phrases sont rares.

L'assassinat de Michel Lepelletier inspira à Villenave l'idée d'une
oraison funèbre. L'oraison funèbre était, on le sait, le lot des abbés.
C'était leur entrée dans le monde, ce qui n'empêchait pas l'épître
mondaine et les vers légers. L'inspiration de Villenave fut-elle un
souvenir ? Ce discours fut prononcé, le 3 mars 1793, dans le local de
la société des Amis de la Liberté et de l'Égalité, puis répété, le 5 du
même mois, devant les deux sociétés populaires. Voici un passage
qui donnera l'idée des tons, pensées et style. C'est une apostrophe à
Rousseau, singulièrement cherchée, il faut en convenir :

« Et toi, moraliste profond, politique hardi, homme vertueux et
» sensible autant qu'écrivain éloquent et sublime, ô Jean-Jacques !
» dont l'image est présente à mes yeux, dont les traits chéris sem-
» blent revivre dans le buste qui décore l'enceinte de notre salle ; ô
» Jean-Jacques ! lorsqu'un dogue, appartenant au père de Michel
» Lepelletier, te renversa mourant sur le chemin de Ménilmontant,
» le père de Lepelletier daigna s'informer à peine des cruelles suites
» de ta chute. Mais le fils, devenu grand, vengea l'orgueilleuse
» insouciance du père. Il médita tes ouvrages ; il échauffa son cœur
» et son patriotisme en te lisant ; il fut ton disciple ! O Jean-Jacques,
» jouis aujourd'hui : tu fus persécuté pour la liberté, ton disciple est
» mort pour elle !... » Tout ce discours sonne faux ; il fait l'effet d'une
mauvaise musique. Dans l'éloge que fait Villenave de Rousseau, la
moitié seule est à peu près vraie. L'éminent écrivain, au style si
plein d'une magie inimitable, ne sera jamais considéré par les gens
sérieux comme un moraliste profond ou comme un politique hardi.
La vertu de Rousseau est aussi douteuse que son exquise sensibilité
est vraie.

Les temps marchaient. La position de Villenave s'accentua, non
plus par des discours, mais dans les faits. Au mois de mars 1793, le
soulèvement vendéen menaçait la ville. Les uns s'effrayaient, les
autres s'indignaient. On sait ce que ces deux sentiments peuvent
produire d'étourdissement et de mal en révolution. Le trouble
mal contenu des âmes se répandit dans la cité. Villenave se trouva
l'écho de cette indignation des sociétés populaires. Nous savons ce

qu'il faut pardonner aux émotions et aux entraînements. Mais nous regrettons que le cri jeté par Villenave n'ait pas seulement été le cri : Aux armes. Cet appel s'excuse toujours. Villenave évoqua d'autres modes de défense. Nos archives ont conservé ces paroles : — « La loi » doit sommeiller dans les circonstances critiques où nous sommes ; » nous ne pouvons être sauvés que par des *moyens révolution-* » *naires...* » Théorie funeste ! arme à deux tranchants ! Si la liberté en colère invoque les moyens révolutionnaires, le despotisme peureux invoque les raisons d'État. Les cours prévôtales succèdent aux tribunaux criminels. Les partis en courroux ne manquent jamais de motifs spécieux pour les proscriptions et les spoliations. La terreur, dont Villenave bientôt manquera d'être la victime, est en germe dans de semblables doctrines (1). Malheur à qui s'engage une fois sur la pente dangereuse des lois exceptionnelles !

Après le blâme, disons que Villenave respectait encore certaines formes judiciaires ; et, s'il demandait la permanence de l'échafaud, c'était à la condition que le coupable fût interrogé, examiné, défendu et jugé. Mais il réclamait une prompte exécution. Baco sut résister à ces provocations. Il concentra tous les pouvoirs, et en demeura le maître, le modérateur. On arma les citoyens, non le bourreau (2).

Ce fut à cette même époque que Villenave occupa, en second, les fonctions d'accusateur public. Le 16 mars 1793, Giraud, accusateur public, demanda un adjoint. Le comité central fit droit à cette demande, et, le 18, il adjoignit Villenave à Giraud. Villenave demeura

---

(1) Toutes les factions à la fin sont cruelles. (Voltaire.)

(2) Voici comment Michelet, le seul historien qui ait puisé aux sources nantaises, explique cet incident :

« Ce fut le club girondin qui, le 13 mars, par l'organe du jeune Villenave, de-
» manda le tribunal révolutionnaire et l'exécution immédiate des traîtres, la
» guillotine sur la place ; de plus, une cour martiale ambulante qui, parcourant le
» département avec la force armée, jugerait et exécuterait. »

Michelet est beaucoup trop affirmatif dans ses *divisions* girondines et jacobines. Cette scission n'existait point alors avec les vives arêtes et les compartiments que les écrivains d'aujourd'hui donnent trop aisément aux hommes et aux événements de 93. Les différentes nuances d'un parti, dans les époques tumultueuses, ne se forment point avec cette symétrie, cet absolu, cette raideur, dont les histoires du jour abondent. Les flots se mêlent davantage.

dans ces fonctions trois mois et un jour. Il cessa de les remplir le 6 juin 1793 ([1]).

L'exaltation de Villenave dura peu. Il aperçut l'excès et il sut s'en éloigner. Si nous avions à faire l'histoire de Nantes, en ces temps, nous dirions comment plusieurs de nos concitoyens, dont les noms ou les familles vivent encore parmi nous, ne craignirent pas de dénoncer le mal que faisait au pays et à la cause de la Révolution l'ineptie de certains agents conventionnels. On vit que le danger n'était pas seulement dans ce qu'on nommait les trahisons de l'aristocratie ou du modérantisme, mais encore dans l'anarchie. Il fallait avoir le courage de ce mot. Dès qu'il eut été prononcé, on se rallia. Ce petit groupe d'hommes fermes, dont Villenave se trouva faire partie, adressa de vives plaintes aux sociétés populaires de la république. Le Villenave du 29 mars 1793, le collaborateur de Gédouin et de Darbefeuille, n'est plus le Villenave trop ému et un peu soulevé du 12 mars 1793. Il y a une nuance. Une lueur s'est faite. Ce ne sont plus les mêmes flots débordés qui portent le jeune publiciste. La journée du 31 mai ne fit que fortifier ses dispositions.

On ne saurait, dans le cadre restreint de nos recherches, passer et débattre la grande question de la gironde et du jacobinisme. Nous nous sentons trop à l'étroit. Mais il est permis de dire que la démocratie ne saurait faire ses affaires toute seule. Elle l'a bien prouvé. Il lui faut d'autres guides, d'autres administrateurs, d'autres directeurs que ces tribuns d'un jour, qui n'ont de valeur que leur exagération. Sans le concours de la bourgeoisie intelligente, le peuple ne fera rien qui vaille ou qui dure ([2]); la gironde, en son temps, était

---

([1]) Voici, sous son ministère, le mouvement de l'audience :

Condamnations à mort.	22
Acquittements.	109
Arrestations provisoires.	81
Sursis.	34

Giraud, dans le même espace de temps, avait eu également 22 condamnations à mort.

Mellinet a commis une erreur à propos des fonctions de Villenave. Ces fonctions, nous nous en sommes assuré, commencèrent le 18 mars 1793 et prirent fin le 6 juin suivant. Mellinet place la nomination de Villenave après l'arrivée de Carrier à Nantes. Or, Carrier arriva à Nantes le 8 octobre 1793; et, dès le 9 septembre 1793, Villenave était arrêté.

([2]) Nous avons eu occasion de développer ces idées dans la *Revue du XIXᵉ siècle*, pp. 359 et suiv. (*Note de l'auteur*).

cette bourgeoisie intelligente. Moins méconnue, moins attaquée, elle aurait commis moins de fautes. Mais ses fautes n'excusent pas celles du parti vainqueur au 31 mai, ni ses illégalités, ni ses crimes.

L'*ineptie* (nous répétons le mot) des fonctionnaires délégués par la Convention ou le Comité de salut public fut un des puissants mobiles du fédéralisme. Quelle confiance avoir dans un pouvoir aussi détestablement représenté ! Mais on ne voulait pas des *gens à moyens!* On proscrivait l'intelligence et on la déclarait suspecte, sinon aristocrate! Un contemporain, Antoine Peccot, dans un document du 22 juillet 1793, l'explique ainsi :

« ..... Nous nous *plaignons* de l'envoi de cette multitude de com-
» missaires du pouvoir exécutif, si mal choisis, si indignes de la con-
» fiance, par leurs principes, par leur impéritie et leur conduite... »

Le ton calme et réservé d'Antoine Peccot ajoute à la valeur du reproche (1).

Dans les jours qui précédèrent la Saint-Pierre 1793, Villenave s'occupa de faire maintenir l'inconsistant Beysser dans son commandement; il seconda, ce qui vaut mieux, Baco dans les énergiques mesures prises pour sauver la ville. — Voici comment s'en explique Villenave dans son *Cri du Républicain persécuté*, dont nous parlerons plus tard :

« Dans plusieurs sections de Nantes, quelques aristocrates avaient
» osé proposer une capitulation honorable avec les brigands (l'ar-
» mée vendéenne), auxquels, disaient-ils, il devenait impossible de

---

(1) Dans ses notes bibliographiques sur les publications révolutionnaires de Nantes, M. Dugast-Matifeux, après avoir mentionné les paroles d'Antoine Peccot, ajoute :

« ...Il est *certain* que la Convention ne fut pas assez sévère dans l'envoi des
» représentants. Il eût fallu trier, discerner les hommes, et se garder soigneu-
» sement des *amis* imprudents (à coup sûr, le mot *amis* ne rend pas la pensée
» de l'écrivain)... C'est du hasard que sortirent tous les choix *désastreux* qui
» justifièrent les répugnances des fédéralistes.... Ils (les représentants en
» mission) outrèrent tout, et poussèrent à la contre-révolution par les excès
» révolutionnaires... »

Quand Phillipeaux (*a*) vient à Nantes (et nous reconnaissons qu'il y venait avec de bonnes intentions et qu'il y pouvait faire beaucoup de bien), de qui se fait-il accompagner? — Par Chaux... Il nous serait trop facile de multiplier les exemples : Ronsin, Rossignol, Lechelle, tous les hébertistes.

(*a*) Et non Phelippeaux, comme dit Mellinet.

» résister après la prise de Saumur et l'évacuation d'Angers. Je ton-
» nai (1) contre le danger des sections délibérantes dans les moments
» de crise, et les autorités constituées ordonnèrent la fermeture des
» sections. Des cris de *Vive la république!* frappèrent les voûtes
» du temple (Saint-Pierre). Je débitai ce discours avec tant de cha-
» leur, qu'un de mes pistolets s'échappa de ma ceinture et tomba, du
» haut de la tribune, au milieu des auditeurs... (2). »

Le 25 juin 1793, Villenave rédigeait une adresse aux habitants
des autres départements de la Bretagne, pour appeler les forces départementales au secours de Nantes.

Le 27, il se mettait en relation avec la commune de Paimbœuf,
dans le même but.

On sait l'issue, glorieuse pour Nantes (3).

Le danger, quand on touche certaines biographies, est de prendre
texte d'elles-mêmes pour tomber dans l'histoire générale. Ce danger,
nous voulons l'éviter autant que possible. Néanmoins, rendu à la
levée du siége de Nantes, il ne nous est pas permis de passer outre
sans signaler l'éminent service que Nantes rendit, par son héroïque
défense, à la république entière.

Les chefs du mouvement vendéen savaient bien ce qu'ils faisaient
en attaquant Nantes. Les soldats n'y voyaient qu'un vaste pillage;
mais les directeurs comprenaient que cette ville était une magnifique
position militaire, qui donnait à l'insurrection une base solide d'opé-
ration : on touchait à la Bretagne; la Loire alimentait les insurgés;
l'Angleterre communiquait librement avec les armées vendéennes.
Si le succès avait couronné cette entreprise bien conçue, mieux
conçue que bien exécutée, il est peut-être vrai de dire que la république était perdue. L'énergie nantaise empêcha ce désastre. Comme
l'a dit un écrivain breton (4), on ne saurait trop louer la conduite

---

(1) 14 Juin 1793.

(2) Mellinet arrange un dénoûment dramatique à cette allocution, t. VII, p. 309
et 310. Si l'incident avait eu lieu, Villenave se serait bien gardé de l'omettre.
Voici l'incident : Le pistolet tombe; un citoyen le ramasse et le rend à Villenave,
à quoi celui-ci aurait répondu : « *Merci, car je veux m'en servir contre les
brigands...* »

(3) L'empereur Napoléon a dit, avec raison, que le salut de cette ville avait été
le salut de la France. (Michelet.)

(4) A. Du Chatellier.

soutenue de tous les hommes qui prirent part à cette défense, dont la Convention, trompée par des agents ineptes ou vindicatifs, ne comprit pas l'étonnante grandeur.

En révolution, les services ne sauvent pas ; les dénonciations prévalent, les malentendus aussi. Le siége de Nantes avait momentanément réuni les partis. Après l'événement, on se divisa. Une lutte s'était engagée, au sein de la ville, dès le mois de juin 1793, entre les administrateurs de la Loire-Inférieure et les représentants du peuple. Cette lutte s'envenima. Le conseil général manqua peut-être de sang-froid, en accusant, sans preuves, les représentants Merlin et Gillet d'avoir *conspiré* la prise de Nantes par les Vendéens. Merlin et Gillet se défendirent vigoureusement. Ils prononcèrent, à leur tour, l'accusation de fédéralisme. Baco commit l'énorme faute de quitter la ville, le siége de sa force municipale. On l'envoya, lui, maire, porter une adresse à la Convention, où il fut admis le 2 août 1793, et où il réclama la réintégration de Beysser et de Coustard, qui avaient été mis hors la loi par le décret du 17 juillet. A la suite de la séance, qui fut orageuse, Baco fut envoyé à l'Abbaye. On sait le reste. Bientôt la terreur fut à Nantes, les dernières résistances s'évanouirent avec la mairie de Baco. Qui sait ce qui serait arrivé si Baco était resté à Nantes ! Nantes, peut-être, n'aurait pas eu ses *cent jours* (¹).

Dès le 9 septembre 1793, Villenave fut incarcéré. Carrier n'arriva à Nantes que le 8 octobre. Du reste, l'alliance de Villenave avec certains hommes comme Gédouin ; le concours, dit-on, qu'il avait donné à Baco ; sa démission des fonctions d'accusateur public ; sans doute une part active, sinon historique, dans les démêlés avec Gillet, Merlin et Cavaignac ; des protestations contre l'arrestation des délégués nantais ; ses relations avec Bailly (²) : tout cela motiva l'accusation de fédéralisme. Villenave devint suspect, et

______

(1) Durée du séjour de Carrier à Nantes.

(2) Bailly, exécuté en novembre 1793, avait presque passé la dernière année de sa vie à Nantes ; il y fréquentait Villenave. On prétend même, sur le crédit d'une pièce imprimée en 1797, que Bailly habitait chez Villenave. Bailly n'a rien dit de semblable, et Villenave n'en parle pas dans sa brochure de l'an VI. Ce détail n'aurait pas été omis par Villenave dans sa justification. Du reste, Arago, dans sa notice sur Bailly, se plaît à rendre justice aux soins dont Villenave avait entouré Bailly, pendant son séjour à Nantes.

de là à la mort on sait qu'il n'y avait qu'un pas. Il est évident pour nous que, dès le mois de mai 1793, Villenave avait été du parti de ceux qui voulaient secouer le joug de la Convention et méconnaître ses pouvoirs.

Un des tristes épisodes de cette époque fut celui des 132 Nantais, dont l'arrestation fut résolue le 12 novembre 1793. Quoique arrêté antérieurement, Villenave fait partie de ce groupe plus ou moins fédéraliste : tache girondine, commune, il faut le dire, à toute cette bourgeoisie provinciale, qui avait accueilli avec enthousiasme la convocation des états généraux de 89 ; admiratrice zélée des efforts de la Constituante ; dévouée du fond du cœur au régime de 90 et de 91 ; très-émue du 10 août 1792 ; effrayée du 21 janvier, plus encore du 31 mai ; et commençant, dès cette époque, un mouvement en arrière, masqué d'abord par le langage, mais bientôt révélé par les faits. Villenave évidemment tenait à ce parti. Il en subit le sort, il en partagea les proscriptions.

Il ne faut pas uniquement chercher la vérité historique dans les plaintes des proscrits, pas plus que dans les accusations des proscripteurs. Il y a là trop d'éléments de pitié ou de colère. L'historien de ces temps lugubres, le simple chroniqueur, comme nous, réduit aux proportions minimes de la biographie, est heureux de rencontrer des documents moins intimes et moins officiels, semi-secrets, semi-publics, destinés non à accuser, mais à se justifier. Ce document existe, à Nantes, dans les archives de la préfecture. Il est signé : Goullin, Bachelier, Naux, Grandmaison, Chaux, Proust, Bologniel, Perrochaud, Mainguet, Chevalier et Levesque, avec ce titre : « *Compte que rendent les membres du Comité révolutionnaire de Nantes à leurs frères de l'Administration du district* (1). » — C'est une apologétique : le génie de Tertullien y manque assurément ; mais il y a assez d'art et de recherche dans ce manifeste, d'ailleurs noyé et diffus.

Après une attaque contre le fédéralisme, on en vient à expliquer les arrestations des suspects. On imagine une prétendue correspondance entre les *gros coquins de la ville* et les *brigands de la Vendée*.

---

(1) Quand nous disons document intime, semi-public, on pourrait croire qu'il est purement volontaire. On se tromperait. Ce compte rendu n'était que l'exécution des prescriptions de la loi du 14 frimaire.

Il n'est pas sans intérêt de citer quelques extraits, curieux comme révélations.

« ... Les capitalistes faisaient l'agio des assignats, et aidaient, de
» leurs caisses, leurs chers camarades de la Vendée. Ce sont ces
» capitalistes, ce sont ces accapareurs qui entretenaient les agents
» des brigands dans cette ville : leur correspondance était telle, qu'ils
» les instruisaient des déterminations les plus secrètes ; et, par eux,
» les brigands savaient, à point nommé, où devaient se porter les
» forces républicaines... Il fallait arrêter une correspondance trop
» de fois fatale au succès de nos armes ; en un mot, il fallait porter
» le dernier coup de massue sur la tête des traîtres, *non par une*
» *mesure partielle, mais par une mesure générale*, et qui, au même
» instant, s'il eût été possible, paralisât et mis sous les mains de la
» loi les gros coquins de la cité... Il fallait définitivement ôter aux
» brigands et l'effet d'une correspondance meurtrière, et les moyens
» de subsistance qu'ils tiraient de ces hommes à grands moyens...

» Nous ne dûmes donc point attendre, pour agir, des preuves
» matérielles ou des dénonciations. *Celui qui n'a pas fait tout ce*
» *qu'il pouvait, tombe, par cela seul, dans la classe des gens*
» *suspects* (1). Ainsi, les égoïstes, les modérés, les gens à grands
» moyens, qui ne se sont pas fortement prononcés, nous devenaient,
» par cela seul, suspects : ils ont, n'en doutons pas, comme les ci-
» devant nobles, tous, au fond du cœur, la haine la plus implacable
» contre la Révolution... »

Le principe posé de la sorte, on en déduit aisément la conséquence : — *Modéré*, — *suspect*, — *incarcéré*. — Le manifeste
attribue le succès des armes républicaines, dans la Vendée, à ces
arrestations en masse qui ont enlevé aux insurgés leurs moyens de
subsistance et leurs renseignements. Cet effet est nettement accusé
dans ce passage :

« Si Bouin et Noirmoutiers ont été pris (cela s'écrivait en janvier
» 1794), si d'Elbée et les autres chefs ont reçu un juste châti-
» ment de leurs crimes, c'est que le secret des expéditions n'a
» point été divulgué ; et, s'il existe encore quelque noyau d'armée

---

(1) Voici une autre maxime du Comité révolutionnaire, disons mieux, de tous
les despotismes : — *En révolution, il vaut mieux que dix patriotes aient à*
souffrir d'une erreur involontaire, que de voir échapper un seul conspirateur.

» dans la Vendée, si Charette l'infecte de sa présence, c'est qu'il
» trouve, dans ce lieu même, ses principaux moyens de subsis-
» tance... »

Voilà pour les gens à grands moyens. Vient le tour des accapareurs :

« ... Il est clair que ce sont eux qui ont amené le surhaussement
» excessif du prix des objets de première nécessité. D'ailleurs, c'était
» le plus sûr moyen de faire ouvrir les magasins et d'amener l'exé-
» cution de la bienfaisante loi du *maximum*; les incarcérés avaient
» intérêt à ce qu'elle s'exécutât, pour obtenir leur élargissement ; et
» les autres l'exécutaient, pour n'être pas sous le coup de l'arres-
» tation... »

Ce manifeste donne des détails curieux sur la manière dont furent
dressées ces tables de proscriptions. Laissons-le parler :

« Il n'est pas inutile de vous rappeler que ce fut dans une séance
» formée des corps administratifs et des commissaires de la Société
» populaire, réunis au Comité révolutionnaire, qu'on arrêta la liste
» de ceux qui, à l'unanimité, furent reconnus les plus dangereux et
» les plus criminels; que, dans cette séance, la réclamation de trois
» membres suffisait pour ôter de la liste ceux pour lesquels cette
» réclamation s'élevait; qu'ainsi ceux envoyés à Paris ont contre
» eux le jugement le plus positif des républicains austères, sans
» passions, et justes même dans leur haine implacable contre les
» ennemis de la patrie (1). »

En continuant nos emprunts, nous allons arriver au nom de Villenave et à l'explication de son arrestation.

« Le Comité révolutionnaire fit plus; il sentit la nécessité d'obtenir
» un prompt jugement, qui frappât définitivement les auteurs du
» fédéralisme à Nantes. En conséquence, on arrêta que les Dorvo,

---

(1) Le manifeste s'était précédemment expliqué sur l'utilité qu'il y avait à ne
pas retenir les prisonniers, à Nantes, dans les cachots du Bouffay, mais bien à
les envoyer à Paris : et toujours sans preuves! sans s'en inquiéter! *Toujours
l'effroyable théorie des suspects* (Louis Blanc). Villenave, dans son *Cri du Républicain persécuté*, dont la mention trouvera plus bas sa place, dit, en parlant des
132 Nantais : — « Le comité révolutionnaire de Nantes avait menacé plusieurs
» fois d'incarcérer, comme suspects, ceux qui s'intéresseraient au déplorable sort
» des cent trente-deux Nantais qu'il a envoyés à Paris, sans avoir contre eux ni
» preuves matérielles, ni dénonciations

» Sottin, Peccot, Poton, Pineau du Pavillon, Duradier, Julien
» Leroux (qui joignait au crime du fédéralisme celui d'être acca-
» pareur), Villenave et Vallot, iraient rejoindre, à Paris, les Baco,
» Letourneulx et Beaufranchet, qu'ils avaient si bien servis et avec
» lesquels ils faisaient cause commune... »

Le voyage des Nantais à Paris fut long, pénible, douloureux. Aucun péril ne leur fut épargné. La misère et la souffrance décimèrent nos compatriotes. Partis, de Nantes, au nombre de 132, ils arrivèrent 110 seulement à Paris ; il seront encore moins à l'époque du jugement. Villenave eut, comme les autres, sa part de douleur et de torture, dans cet acheminement sur les redoutables prisons de Paris, au milieu des menaces et des imprécations de populations fanatisées... « Convalescent, exténué, dans cet état de faiblesse phy-
» sique morale qui suit d'ordinaire les grandes crises, je fus jeté,
» nous dit Villenave (1), dans les cachots de la Conciergerie, à Paris ;
» à peine pouvais-je écrire, alors, à une mère infortunée dont mes
» malheurs ont détruit, sans retour, la santé ; à une épouse captive
» auprès de l'Entrepôt, non loin de la fatale galiote, et qui, peu
» touchée de ses dangers, ne s'alarma jamais que sur les miens... (2)»

Il s'écoula un long temps entre l'arrivée, à Paris, des Nantais et leur mise en jugement. Ce fut là un bonheur. Les temps marchent vite en révolution. Carrier fut rappelé de sa mission ; Robespierre tomba. Si les Nantais avaient été traduits devant le tribunal révolutionnaire soit pendant le proconsulat de Carrier, soit pendant la vie du chef de la Montagne, il est plus que probable qu'ils eussent été condamnés à mort et exécutés. Conduits devant les membres du Comité de sûreté générale, après le 9 thermidor, ils furent acquittés, le 14 septembre 1794. Ils n'étaient plus que 94.

Villenave se défendit lui-même. Cette défense, que nous n'avons pas, valut plus tard à Villenave d'amères récriminations. Pour se sauver, l'accusé se fit terroriste et s'attribua des actions dont, grâce au ciel, il n'a jamais eu à se repentir. Il avoua (si c'est là avouer)

---

(1) *Villenave à ses concitoyens*, brochure du 16 frimaire, an VI.

(2) Mme Villenave, née Tasset, petite femme de beaucoup d'énergie, fut promptement mise en liberté par l'ordre de Gillet et de Ruelle. Elle sollicita énergiquement la mise en liberté de son mari. Elle allait l'obtenir de Gillet, sans les menaces du Comité révolutionnaire.

2

des excitations et des participations qui n'avaient jamais existé. Triste ressource, étrange faiblesse! Villenave a, lui-même, plus tard, sévèrement qualifié sa conduite. Nous sommes autorisé à renvoyer plus loin les détails de cette défense, puisque nous aurons à nous occuper, en l'an VI, de la brochure expiatoire que la nécessité de se défendre arracha à Villenave.

Mais si nous n'avons pas la défense même de Villenave devant ses juges, nous avons quelque chose d'approchant; c'est un écrit intitulé : *Le Cri du Républicain persécuté.* Cet écrit est du 28 février 1794 (10 nivôse, an II); donc, Villenave, son auteur, était en prison et attendait son jugement. Villenave, fidèle à l'épigraphe, a, cette fois, pris celle-ci :

« Homme de la Montagne, prends et lis; écrase les traîtres et les conspirateurs, mais sauve les républicains persécutés (1). »

L'épigraphe laisse aisément deviner le reste de la composition. Villenave y avoue l'estime que lui portait Barrère (2). Bien d'autres aveux y sont consignés, lesquels tendraient à donner une triste idée de la conduite de Villenave dans les premiers mois de 1793. Mais il ne faut pas oublier la position de l'écrivain et les concessions qu'elle lui arrachait. Tout cela recevra son jour et son explication, quand nous aurons à nous occuper de la brochure de l'an VI.

Le jugement des Nantais amena celui de Carrier. Tous les Nantais ne suivirent pas l'exemple de Villenave. Beaucoup attaquèrent le comité révolutionnaire de Nantes et dévoilèrent ses actes. Cette révélation trouva son écho. Elle fut soutenue, et,

---

(1) Villenave, plus tard, a cherché à désavouer cette brochure, en insinuant que les passages les plus caractéristiques du *Cri du Républicain persécuté* étaient des *additions singulières* provenant du chef de l'éditeur Galetti. Cette version est improbable pour quiconque a lu la brochure de l'an VI. Tout est l'œuvre de Villenave, et c'est ce que met fort bien en lumière M. Dugast-Matifeux, dans sa *Biographie révolutionnaire nantaise.* Comme le fait observer M. Dugast-Matifeux, en 1794, Villenave, pour se sauver, essayait de se faire passer pour montagnard (voir pp. 84 à 90 de la *Bibliographie révolutionnaire*).

(2) Il faudra se souvenir de cet aveu quand nous dirons un mot de la *Jacobiniade*, pamphlet dirigé, en l'an III, contre les membres du Comité de salut public. Villenave dira également un mot de sa liaison avec Barrère dans sa Justification de l'an VI. Le ton alors sera plus digne.

en quelque sorte, encouragée par le représentant Bo. Aussi, dans les premiers jours d'octobre 1794, les membres du Comité, arrêtés dès le mois de juin précédent, étaient traduits devant le tribunal criminel de Paris. On devine ce qui s'y passa. Les agents subalternes de Carrier étaient sur le banc des accusés; Carrier, leur chef, siégeait encore au sein de la Convention. La tempête était imminente.

Les accusés se défendirent, d'abord, avec assez d'assurance. Mais, vivement pressés, questionnés, accablés sous le poids des témoignages, des pièces, des signatures, dirons-nous des remords? ils se levèrent en masse et prétendirent que Carrier les avait égarés. Ils demandèrent qu'il vînt là, lui, le chef, le conventionnel, l'auteur de tous ces crimes, pour les couvrir de son manteau de représentant... Goulin, se faisant l'accusateur ardent de son ancien patron, révéla des faits d'une énormité considérable, et s'écria : « Il importe à » notre cause que Carrier paraisse au Tribunal... » Chaux ajoute : « Carrier nous a précipités dans l'abîme, et il est libre! et il » domine sur le peuple, dont il a été le bourreau!.. » Bachelier, plus froid, sachant mieux se contenir, *sibi imperiosus*, se borna à dire : « C'est à Carrier à venir justifier ses ordres... » Tout l'auditoire répétait en chœur : *Carrier, Carrier!* Les jurés déclarèrent que l'instruction ne pouvait se poursuivre sans la mise en cause de Carrier. Phelippe Tronjolly, témoin de ce débat, homme qui n'est pas sans reproche, mais qui eut son heure de courage, se levant en face de ses anciens bourreaux, demanda que Carrier fût mis en accusation. « Je déclare, dit-il dans sa plainte, qui fut remise à l'accusateur » public; je déclare me constituer aujourd'hui prisonnier en ma » demeure, jusqu'à ce que la justice nationale ait prononcé sur le » sort de ces scélérats; ma tête répond de ma dénonciation (29 ven- » démiaire, an III). »

A quelques jours de là, après plusieurs séances, bien des tiraillements, bien des efforts, bien des orages, la Convention nationale, le 4 frimaire an III (25 novembre 1794), décréta Carrier d'accusation, à la majorité de 498 voix contre 2.

Le procès du Comité révolutionnaire, suspendu pendant ces débats, recommença en présence de Carrier. La défense de Carrier, devant la Convention, n'avait manqué ni d'élégance, ni d'esprit, ni même d'une certaine émotion. Nous ne rétractons point ici l'appréciation que nous en avons faite ailleurs (¹); mais, devant le jury, Carrier ne retrouva ni le même accent, ni la même inspiration. Il finit par s'avouer coupable, et implora les jurés et le peuple, non pour lui, mais pour ses complices qui n'avaient fait qu'obéir à ses ordres (²). A partir de ce moment, on put prévoir le résultat. La défense des membres du Comité révolutionnaire devenait facile.

Le 26 frimaire (16 décembre 1794), après de longs et consciencieux débats, Carrier fut condamné à mort avec Pinard et Grandmaison, membres du Comité révolutionnaire. Vingt-huit accusés, savoir : Goullin, Chaux, Bachelier, Perrochaux, Mainguet, Levêque, Louis Naux, Bologniel, Durassier, Joly, René Naux, Chartier, Ducou, Coron, Boursy, Boulay, Gauthier, Guillet, Crespin, Richard, Foucault, O'Sullivan, Robin, Lefebvre, Macé, Dhéron, Forget et Proust, furent acquittés, quoique convaincus des mêmes crimes, mais sans les avoir commis avec des intentions criminelles ou contre-révolutionnaires. Gallon et Vic furent déclarés non coupables. — Carrier, âgé de 35 ans, né à Yolay, près Aurillac, fut exécuté au milieu des imprécations de la foule. Il subit la mort avec fermeté (³).

Villenave figure comme défenseur dans le procès de Carrier. Il

---

(1) *Du Principe électif,* p. 337.

(2) Dans sa défense, Carrier avait excipé des ordres du Comité de salut public. Il ne put montrer ces ordres. S'il en avait produit un seul, nous croyons que sa condamnation aurait éprouvé des difficultés. Carrier avait-il égaré ces ordres ou les avait-il rêvés ? Les plaintes de Julien contre Carrier me font croire au mensonge de ce dernier. Julien, très-avant dans l'intimité de Robespierre, aurait connu ces injonctions. Mais ce mensonge de Carrier aurait pu ne pas sembler tel aux contemporains, qui se souvenaient comment Barrère avait répondu, dans la Convention, aux accusations de Guffroy contre Lebon (juin 1794). — Napoléon croit que Carrier avait, en effet, reçu des instructions secrètes et qu'elles lui furent enlevées, dans un dîner, où Barrère, Billaud et Collot le grisèrent et le volèrent. — Ces explications sont purement traditionnelles et ne méritent aucune confiance. (V. Michelet, t. VII, p. 80 et 81.)

(3) M. Thiers, dans son *Histoire de la Révolution française,* contient les appréciations suivantes, qui nous semblent parfaitement justes : « Carrier, jeune encore, était un de ces êtres médiocres et violents qui, dans l'entraînement des guerres civiles, deviennent des monstres de cruauté et d'extravagance... Cet insensé ne croyait avoir d'autre mission que celle d'égorger. » (T. VI, l. XXII.) — *Tête faible, autant que furieuse* (Michelet, t. VII, p. 79). — Carrier n'était pas une opinion, mais un instinct dépravé ; il n'avait point d'idée, mais de la fureur. Le meurtre était toute sa philosophie. (Lamartine.)

défendait non-seulement Naux, comme le dit Mellinet, mais encore Guillet et Chartier.

L'occasion était belle, surtout pour Villenave, qui avait subi le régime de la Terreur, qui avait gémi un an en prison (9 septembre 1793 - 14 septembre 1794), et qui sortait d'un acquittement. Il était dégagé et libre dans ses invectives contre Carrier, qu'il n'avait pas connu, puisqu'il était (nous l'avons déjà dit) incarcéré lors de l'arrivée de Carrier à Nantes (8 octobre 1793). L'attention publique était curieuse de révélations, de détails. Un grand intérêt politique et moral s'attachait à ce procès. Quel beau rôle! Villenave y répondit-il?

Cette question est plus facile à poser qu'à résoudre. Pour juger du mérite d'une plaidoirie, il faut l'avoir entendue, et non la retrouver imprimée. L'impression ne saurait rendre l'orateur, elle ne reproduit que l'écrivain. Le mouvement d'une plaidoirie, l'accentuation, le son de la voix, le geste, l'émotion du visage, l'arme du regard, voilà ce qui fait souvent l'éloquence. Le livre n'a pas ces trésors, il ne renferme pas ces séductions du langage parlé. Ces observations sont banales, et nous ne devons pas y insister. Il y a longtemps que Quintilien, en parlant de l'avocat, a dit : « Trachalus gagnait surtout à être entendu, *auditus tamen major* » ([1]).

Disons que Villenave ne manquait pas de ces moyens extérieurs qui recommandent l'orateur. Sa personne avait de la dignité ; il se tenait bien, un peu haut, très-réservé ([2]).

Nous ne possédons du plaidoyer de Villenave qu'une assez volumineuse brochure, augmentée de morceaux qui ne durent pas être prononcés à l'audience ([3]) ; cela rend impossible l'appréciation de la

---

(1) Quintilien ajoute : « Je n'ai jamais connu dans personne un timbre de voix aussi heureux ; sa prononciation et sa grâce auraient été enviées sur un théâtre ; enfin, il y avait en lui (Trachalus) surabondance de tous les avantages extérieurs : *Omnia denique ei, quæ sunt extrà, super fuerunt* (liv. x). » — J'ai ouï dire à des avocats, qui avaient connu notre ancien barreau, que le célèbre Gerbier gagnait aussi beaucoup à être entendu, tant sa bonne mine et la beauté de son organe donnaient de prix à tout ce qu'il disait. (Ouizille.)

(2) Un de nos concitoyens, qui a connu et pratiqué Villenave, dans les derniers temps de son séjour à Nantes, le comparait volontiers, quant à l'extérieur, à notre ancien député, F. Bignon : *Quæ sunt extrà*.

(3) Villenave l'avoue lui-même, p. 51, au sujet d'un morceau sur la guerre de la Vendée. Nous croyons que l'aveu n'est pas complet.

plaidoirie, à proprement parler. Ne nous occupons donc que de la brochure de 95, in-8° (imprimerie de Belin, rue Jean-Jacques, n° 27, an III de la République), qui peut être consultée comme document historique beaucoup plus que comme monument oratoire.

Le portrait de Louis Naux ne manque pas d'un certain naturel, qui a son charme : — « Vivant dans une paisible obscurité, il trouvait » le bonheur dans son ménage ; il remplissait les devoirs d'époux et » de père ; attaché à sa femme et à ses enfants, chéri d'eux, il vivait » *dans la nature* (réminiscence de Rousseau) ; *simple et pur* comme » elle, il ne connaissait ni l'ambition, ni le trompeur éclat de la » renommée, ni le désir des places, ni les charmes dangereux de la » gloire. Il était boisselier, et il m'écrivait, dans ces épanchements » de l'infortune, dans ces tristes retours que le malheur fait sur » lui-même, il m'écrivait : *Ah! Villenave, que n'ai-je fait des* » *boisseaux toute ma vie!* C'était le cri de l'âme!.. »

Le passage suivant a une certaine énergie :

«... Alors, ce fut un titre pour être promu aux emplois, que de n'en » avoir jamais rempli aucun. On vit des hommes qui ne savaient » pas lire, s'asseoir sur les Tribunaux ; des colporteurs prendre place » dans les administrations ; des comédiens passer du théâtre à la » tête des armées. Ce fut une maxime fondamentale que les lumières » étaient dangereuses, et qu'on ne pouvait fonder la liberté que sur » l'égalité de l'ignorance (1). On ne put se faire pardonner ses » talents que par ses vices, ses vertus que par sa nullité. L'éloigne- » ment des affaires était taxé de mépris pour la République ; l'hor- » reur de la servitude, de haine contre le Gouvernement ; les » richesses, l'esprit, les connaissances, la fierté républicaine, de » conspiration contre le peuple. A qui fut-il permis d'être sage, » libre, et juste impunément!.. »

Le passage où Villenave, dans une prosopopée, dit que le nom de Naux n'a point été lugubrement répété par les échos de la Loire, lorsque les flots, soulevés par les cadavres, vomissaient, sur ses rives désolées, des hommes, des femmes enceintes, des enfants à la mamelle! ce morceau à un entrain oratoire bien conçu et bien conduit. Nous en dirons autant des pages dans lesquelles Villenave rappelle les noyades et les massacres ordonnés par Carrier.

---

(1) Le reproche est vrai. La démocratie a cruellement expié cette erreur : la mise en suspicion des intelligents.

Nous avons vu que Naux, Guillet et Chartier furent acquittés avec plusieurs autres. Cet acquittement fut mal reçu à Nantes, et cela se conçoit. Chaux, Goullin, Bachelier, Perrochaux et les autres avaient été les agents de Carrier. Une pétition nantaise, sur cet objet, fut lue à la barre de la Convention, le 3 nivôse an III. On y demandait la révision du procès. Sur la motion de Lecointre (de Versailles) et de Bréard, la Convention fit réintégrer en prison les membres absous du Comité révolutionnaire. Plus tard, ces mêmes hommes furent renvoyés devant le tribunal criminel de Maine-et-Loire. Il ne paraît pas qu'il y ait eu de jugement ; mais leur détention semble s'être prolongée jusqu'en 1795.

Revenons à Villenave, qui, lui-même, revint à Nantes en l'an III.

II.

On peut dire que la partie politique de la vie de Villenave finit là, à son retour à Nantes. — Pourtant, Villenave ne brisa point entièrement sa plume de publiciste ; et, avant que d'aborder l'homme du barreau, nous allons trouver l'homme du pamphlet et du journal.

En l'an III, Villenave fit paraître deux brochures anonymes.

L'une est intitulée : la *Jacobiniade*, ou fragments d'un poème héroï-comique sur l'horrible catastrophe des jacobins. C'est plat et détestable. Ni invention, ni esprit, ni style. Cela n'a pas même le mérite d'un peu de courage, car tout démontre que l'opuscule est postérieur à la journée du 12 germinal. Quelques amis de l'auteur ont voulu mettre en doute l'origine de cette méchante production, imitation sans nulle valeur du genre de Scarron. Il suffit, pour se convaincre qu'elle émane bien réellement de Villenave, de lire la mention suivante, extraite du catalogue dressé, en 1848, pour la vente des principaux livres de la bibliothèque de feu *M. Villenave, homme de lettres :* — N° 1173, Villenave ; recueil de 24 pièces in-8°.... la *Jacobiniade.*

Un autre travestissement qui ne nous semble pas beaucoup plus heureux, c'est une brochure, également de l'an III, toujours postérieure au 12 germinal, et intitulée : *Plaidoyer de Billaud-Varennes,* contre les membres des anciens comités de salut public et de sûreté générale. — On le devine, c'est encore un masque, et un masque de la plus triste figure. C'est une parodie du discours que, le 15 juillet 1793, Billaud-Varennes avait lui-même prononcé contre les proscrits du 31 mai. L'auteur prend soin de nous dire : « Si l'on en » excepte les époques, les noms propres de personne et de lieu que » j'ai *soulignés*, il n'y a pas cent mots de changés dans cet écrit. Au » reste, je les ai tous soulignés aussi; le corps du discours est » textuellement et littéralement l'ouvrage de Billaud.... » On ne parodie pas ces choses. Villenave aurait dû le comprendre.

Le libraire révèle l'auteur :

« L'*ingénieux* rédacteur de ce précieux discours de Billaud est » un des cent trente-deux Nantais, et, parmi ces braves gens, » l'un de ceux contre lesquels l'accusateur public avait conclu à » la mort. »

Eh ! c'est alors, Villenave, qu'il aurait été beau d'attaquer le sombre Billaud-Varennes.

Nous aimons mieux retrouver le nom et la plume de Villenave dans une petite composition, éditée à Nantes, en l'an IV, et dans laquelle Villenave traite des *Jurés et de la conviction intime*, avec cette épigraphe de Montesquieu : « Lorsque le juge présume, les jugements deviennent arbitraires. » La question que se pose l'auteur est celle-ci : « — Les indices peuvent-ils suppléer le défaut de preuves, » et motiver une condamnation à des peines infamantes et afflic» tives? » Villenave, avocat, répond négativement. C'était trop prévu. Du reste, l'écrit a de la valeur, sinon comme traité doctrinal sur la certitude judiciaire, du moins comme appréciation historique de certaines erreurs commises par la justice des hommes. Cela se lit encore avec intérêt.

En l'an VI, Villenave subit ces retours de l'opinion publique, qui s'exercent parfois à distance sur les hommes dont le nom ou la main ont été mêlés aux grands événements. Villenave fut vivement attaqué. On lui reprocha amèrement son mémoire dans l'affaire des 132 Nantais (au mois de nivôse, an II, février 1794). On remonta plus haut dans sa courte vie politique. On lui fit un crime de ses fonctions d'accusateur public en 1793. Enfin, on lui fit un grief de son plaidoyer pour Naux, Guillet et Chartier, dans le procès Carrier.

Villenave était violemment mis en demeure de se défendre. Il y a des circonstances dans lesquelles le silence, la meilleure des armes en général, n'est guère possible. Des explications deviennent nécessaires : Villenave le sentit ; il en donna, et répondit aux trois incriminations (¹).

Voici comment il s'explique sur sa défense personnelle dans le procès des Nantais :

« Je ne chercherai point à justifier ce que j'ai pu dire... Mais je
» dois et je puis prouver que je n'ai point fait ce que j'ai dit
» avoir fait, dans ces moments affreux où, victime dévouée aux
» fureurs de l'anarchie, j'ai eu le malheur de voir une mère, une
» épouse mourante, entre l'échafaud et moi... J'oubliais ce que je
» devais à mon caractère, à mes principes. La nature m'arracha
» une *faiblesse*, une lâcheté (si l'on veut). Je me condamne ; j'en
» ai supporté la honte ; mais le motif en fut excusable... »

Après ce préambule, Villenave entre dans quelques détails :

« Je commencerai par *désavouer* mon Mémoire, ouvrage mon
» strueux, composé dans les accès de la fièvre et du délire, qui me
» mirent, dans Blois, aux portes du tombeau. Séparé de mes com
» pagnons d'infortune, ne pouvant obtenir de Fouquier-Tinville ma
» translation au milieu d'eux, me regardant comme une victime
» dévouée, et qui allait être immolée séparément, je confiai à mon
» généreux beau-père (²), qui avait abandonné ses enfants détenus
» à Nantes, pour me suivre à Paris et m'y servir de support ; je lui
» confiai des notes informes que j'avais écrites à Blois, pendant ma
» maladie, et que je destinais à servir de base à mon plaidoyer, lors
» de mon jugement. Ces notes furent imprimées !... Telle est l'his
» toire de mon Mémoire, et voilà tout ce que je puis en dire pour
» en justifier la rédaction. »

Villenave avait pris pour épigraphe (il les aime assez, il en met partout) : « Avouer franchement ses torts, c'est en avoir un de moins. »

— Mais où nous trouvons que Villenave s'excuse trop sur les épaules des autres, c'est lorsqu'en note de sa brochure, il se permet d'avancer cette vérité fort contestable : « J'ai entendu dire un mot
» profond au citoyen Noury, de Rennes : *Dans la Révolution, il*
» *n'y a pas un Français qui n'ait à se reprocher quelque lâcheté...*
» La mienne n'a été funeste qu'à moi seul... »

---

(1) Cette défense, intitulée : *Villenave à ses concitoyens,* fut insérée dans le n° 40 du *Publicateur nantais* (9 décembre 1797). Villenave était rédacteur de ce journal. — La justification fut aussi tirée à part en brochure.

(2) M. Tasset.

Le souvenir de sa malheureuse défense poursuivait Villenave comme un remords. Il chercha toutes les atténuations. En 1816, il était devenu un des rédacteurs de la Biographie Michaud. On lui donna ou il prit l'article *Fournier*, et voici ce qu'on y lit : « Fournier » (Pierre-Nicolas), ingénieur, architecte voyer de la ville de » Nantes, etc., l'un des cent trente-deux Nantais, publia, pendant » sa détention, deux mémoires fortement empreints de l'esprit du » temps, parce qu'à une époque où les bourreaux mettaient leur » gloire à demander ce qu'ils avaient fait pour être pendus, il était » bien difficile aux *victimes*, qui se trouvaient inclinées sous la » hache révolutionnaire, de ne pas afficher des principes anar- » chiques qui ne furent jamais les leurs, de ne pas même se » vanter d'avoir commis des excès dont elles ne furent jamais cou- » pables. »

Hélas ! Villenave s'excusait indirectement ! Il ne nous est pas possible de dire si l'exemple, invoqué comme excuse, était vrai ; ce que nous savons, c'est que les *Mémoires* de Fournier, auxquels Villenave fait allusion, ne se retrouvent pas (¹) ; mais nous devons protester contre cette prétendue prostration générale, dont les grands procès criminels de l'époque sont loin de faire foi. Jamais, au contraire, le drapeau dans tous les partis ne fut tenu plus haut et plus ferme, non pas seulement dans la mêlée, mais aussi dans l'arène judiciaire, même sous le couteau. La mort de Mme Roland est sublime ! et celle de Charlotte Corday ! et celle de Marie-Antoinette ! Il faut descendre jusqu'à la Dubarry pour trouver une abdication. Les morts illustres abondent, et ce n'est pas ici le lieu de les énumérer. Nous nous bornerons à rappeler un fait breton et qui est nôtre.

Au moment où la proscription de la Gironde était imminente, à une séance du soir, Danton, caché dans l'ombre, tenait la tribune. Il y vantait ses services, services rendus, disait-il, à la patrie ; il parlait tour à tour de raison, de justice et d'humanité. Il prononçait ce dernier mot, quand, du point le plus obscur de la salle, une voix forte et retentissante laissa tomber ce mot lugubre : *Septembre*. L'effet fut immense, Danton retint à peine son émotion. C'était une

---

(1) V. Dugast-Matifeux, *loco citato*, p. 92. — Fournier, devant le tribunal révolutionnaire, fut chaleureusement défendu par l'acteur Beaulieu. (Note de Villenave, dans le *Journal de Nantes* du 3 frimaire an VI, 23 novembre 1797.)

victime désignée aux coups qui avait ce courage ; c'était Lanjuinais (1).

Arrivant au grief tiré de ses fonctions d'accusateur public, Villenave explique comment il y a été adjoint 3 mois et 1 jour, et qu'il a cessé toute participation à ce ministère le 6 juin 1793. Il ajoute :

« J'ai exercé des fonctions terribles ; je n'ai pu m'y soustraire.
» Mais je les ai remplies avec défiance, avec effroi, avec humanité.
» Je les ai abandonnées volontairement, dès que les circonstances
» me l'ont permis, et il m'en a coûté cher pour les avoir cessées (2).
» M'attaquer aujourd'hui sur ma conduite et mes actions à cette
» époque, c'est accuser tous les juges qui ont siégé au tribunal
» criminel en 1793... »

Il continue :

« Me voilà, je pense, pleinement justifié sur les deux principaux
» griefs articulés contre moi. Qu'importe maintenant, et ce que j'ai
» pu dire à des tigres prêts à me dévorer, et le commentaire perfide
» qu'en ont fait mes lâches ennemis ? »

Et Villenave se croit justifié !

Restait le troisième grief, la défense devant le tribunal révolutionnaire des complices de Carrier (3).

« Il est absolument faux, dit Villenave, que j'aie défendu le
» Comité. Cette inculpation a pris sa source dans la plus affreuse
» malveillance, et a coulé rapidement sur le terrain fertile de l'igno
» rance et de la crédulité. Je n'ai défendu que les sieurs Guillet,
» Chartier, L. Naux et Proust (4) ; ce que j'ai fait alors, qu'on sache

---

(1) Extrait de l'avant-propos des *Mémoires sur les journées de Septembre*.

(2) Son arrestation en septembre 1793.

(3) En vérité, Villenave jouait de malheur : ses ennemis lui reprochaient sa défense du tribunal révolutionnaire, à un point de vue ; à un autre, certains des accusés lui avaient également adressé de vifs reproches. — Dans sa dernière allocution aux jurés, dans la nuit du 25 au 26 frimaire an III (15 au 16 décembre 1794), Goullin termina ainsi :

« Ah ! Villenave, j'attendais de toi plus de grandeur d'âme ! J'attendais que,
» passé au creuset du malheur, tu eusses respecté le malheur ! J'attendais de ta
» générosité que tu n'eusses pas fondé la justification de tes clients sur l'assas
» sinat de leurs collègues... C'en est assez !... Je deviendrais à mon tour cou
» pable si je poursuivais mes récriminations : Villenave a un cœur : je le livre
» à son repentir... »

(4) Il n'est point question de Proust dans le plaidoyer imprimé de l'an III.

» que je le ferais encore. Le même jour, j'accusai le crime et je
» défendis l'erreur, sans vouloir, comme l'ont fait des hommes
» injustes et passionnés, confondre ensemble et perdre l'un et
» l'autre... »

En somme (il faut abréger ces citations), cette défense ne manque
pas d'habileté ; elle est suffisamment émue et chaleureuse. Elle
peint, du reste, assez bien Villenave, qui péchait surtout par l'ab-
sence de caractère. En s'accusant si nettement, et parfois en s'excu-
sant si naïvement, Villenave désarme la critique. Nous avons
remarqué ce couplet final :

« Que me veulent donc mes ennemis? Ils savent très-bien que
» j'ai mis plus d'empressement à m'éloigner du chemin de leur
» ambition, qu'ils n'ont mis de zèle à m'en écarter eux-mêmes. Je
» vis de mon travail, heureux et sans intrigue, au sein de ma famille,
» avec quelques amis. J'aime ma patrie, mais pour elle-même et
» non pour le profit que je pourrais en tirer... »

De Barère, voici ce qu'il dit : « Je ne me justifierai point de ce
» que j'ai pu dire de ma liaison avec Barère, en 1789 ; je ne l'ai pas
» revu depuis, et alors j'aurais pu m'honorer de l'avoir pour ami. »

Il dit de Bailly : « O grand homme ! ô Bailly ! sublime génie, âme
» céleste ! tu fus mon ami ; je te voyais tous les jours, tu m'appelais
» ton fils dans ce temps où l'on m'accuse d'avoir été le complice de
» tes ennemis, de tes bourreaux ! Dire que tu m'as aimé, c'est ache-
» ver ma justification. »

Il finit ainsi :

« Nantais, mes concitoyens, hommes sages et sans passions,
» Bailly m'accorda son estime... pourriez-vous me refuser la vôtre ?
» — Et, si j'avais mérité de la perdre, prendrait-on tant de peine
» pour me la ravir ! »

Ces accents ont du vrai.

Mais, avant de suivre Villenave dans sa retraite, dans ce foyer
d'étude et d'intimité, il nous reste à parler du journaliste. Le journal,
comme le pamphlet, est une liquidation de la politique.

Villenave a fondé et rédigé trois journaux :

1° Le *Rôdeur français*, en 1789 (¹). — Ce fut, sans doute, à cette

---

(1) Ce journal parut du 22 novembre 1789, date du prospectus, au mois de
mars 1790. Il comprend 43 numéros in-8°.

époque que Villenave noua quelques relations avec Sylvain Bailly, alors maire de Paris, et aussi avec Barère. Dans les notes manuscrites que Villenave a laissées, et qui ne nous ont été données que tronquées, fragmentées, il s'exprime très-brièvement sur la création du *Rôdeur:*... « Je fondai, à la fin de 89, le *Rôdeur français....* » L'air était évidemment au diapason de l'époque ; car, quelques lignes plus haut, Villenave avait dit : « ... J'embrassai, avec l'ardeur des » âmes généreuses, cette grande cause du peuple.... »

2° Le *Journal de Nantes et du département de la Loire-Inférieure.*

Cette publication, la seule qui nous intéresse, commença le 1er messidor an V (19 juin 1797), et fut terminée le 30 prairial an VIII (19 juin 1800) (¹).

3° Le *Courrier français*, qui parut d'abord sous le titre d'*Annales politiques et littéraires.*

Villenave a, en outre, collaboré à divers journaux du temps, entre autres à l'*Ami des Lois* de Galetti (1794 et 1795).

Comme nous l'avons fait observer, la seule de ces publications qui offre un intérêt nantais, est le *Journal de Nantes et du département de la Loire-Inférieure*, qui embrasse tout le temps écoulé depuis le 1er messidor an V au 30 prairial an VIII (²).

Ce journal, assez complet pour l'époque, nain en comparaison des nôtres, paraissait tous les jours impairs, sous la forme d'une brochure de 16 pages in-8°. C'était une petite gazette politique, commerciale, rarement littéraire, donnant la chronique du jour, la nouvelle de mer, l'annonce de la maison à vendre, la réclame (³), la

---

(1) La collection forme 12 vol. in-8° et existe à la Bibliothèque de Nantes. Cet exemplaire, le seul sans doute qui subsiste, a un certain intérêt. C'est une bonne acquisition, qu'on doit à M. Dugast-Matifeux, qui se trouvait à la vente des livres de Villenave (14 février 1848).

(2) En l'an VII, le *Journal de Nantes et du département de la Loire-Inférieure* prit le titre du *Publicateur de Nantes et du département*. — Il se condensa, se simplifia et devint hebdomadaire. Villenave en prit ouvertement la signature comme rédacteur en chef ; en l'an VI, Villenave ne paraissait guère que comme collaborateur accidentel, signant tantôt de son nom, tantôt de son initiale. Quand il ne signe pas, son style a une tournure guindée, un peu lyrique, qui le dénonce et lève le masque. Du reste, disons que Villenave n'abuse pas du droit qu'il avait de s'éditer. A la fin, il se contente de signer le *fait divers.*

(3) Si nous étions encore sous le Directoire, nous citerions la réclame vraiment

charade, et les actes de l'autorité publique ; enfin, tous les éléments de la publicité quotidienne. A la vérité, le fait local y est peu saillant, mal cultivé. Le journalisme de province naissait et ne savait pas encore intéresser ses lecteurs aux choses de l'endroit. Mais aussi quel temps pour les nouvelles extérieures ! les campagnes d'Italie ! l'expédition d'Égypte ! la renommée naissante de Bonaparte (1) ! Ce qu'on demandait au publiciste, c'était la nouvelle, le détail, la bataille, la victoire, la conquête. Quant aux longues dissertations, on n'en avait que faire. La mode n'exigeait ni critique littéraire, ni revue théâtrale, ni projet municipal. On ne connaissait pas le feuilleton. Le cours des marchandises paraissait tous les mois, et la quatrième page, ce grand revenu d'aujourd'hui, affermé si cher, si lucratif, si envié, se bornait à l'indication de quelques domaines nationaux à vendre ou à de modestes avis qui feraient rire les faiseurs de nos jours. L'annonce judiciaire n'était pas devenue une séduction politique. En ce journal, la littérature n'était représentée que par quelques odes de circonstance et quelques couplets à boire : talents que nous n'avons plus ! Le théâtre se bornait à l'annonce : On jouera la *Chaste Suzanne* ou la *Belle Arsène ;* du reste, pas un nom en vedette. Le notaire, lui-même ! ignorait l'insertion. Tel était le journalisme primitif à l'époque du Directoire. Que les temps sont changés ! Et on se plaint de la corruption du Directoire !

Aussi bien, nous sommes de mauvais juges en ces matières rétrospectives et un peu archéologiques. Carrel et Marrast nous ont gâtés. Ils nous ont créé un idéal du journal, idéal correct et élégant, ferme et ironique, savant et spirituel, rapide et complet, instructif et émouvant, qu'hélas ! on ne soupçonne guère dans la rédaction provinciale de Villenave. Ce n'est pas à dire que les feuilles départementales réalisent aujourd'hui l'idéal que nous venons de crayonner ; mais, somme toute, elles sont mieux faites qu'en l'an VII : et ajoutons, pour en finir,

---

curieuse, tout à fait excentrique, d'un sieur *Joujou, né à Vaucluse,* comme il le dit, sous un *climat brûlant,* dont le métier était de faire des *ornements à l'usage du beau sexe.* Mais force nous est de renvoyer les curieux au n° 40 du *Journal de Nantes* (19 prairial, an VI). *Le lecteur français veut être respecté.*

(1) Jusqu'à la campagne d'Égypte, Villenave est fidèle à l'orthographe, et il écrit : *Buonaparte.* Il affectait, par souvenir classique, de le nommer l'*Italique.* (V. discours prononcé, le 2 brumaire, an VIII, aux obsèques de Dessacy, tué dans la nuit du 28 vendémiaire.)

que Villenave ne fait aucunement pressentir Carrel, ce caractère romain, ou Marrast, ce bel esprit d'Athènes (1).

Mais, tout en faisant nos réserves, il y aurait de l'injustice à contester que Villenave ait donné son empreinte au journal qu'il dirigeait. Il a été, lui, Villenave, un des fondateurs du journalisme provincial. Il y a apporté son nom, sa verve, sa littérature, les avantages de sa profession. La dot est de son côté. En comparaison de sa feuille, les feuilles ses rivales, disons-mieux, ses contemporaines, sont pâles et décolorées, sans animation, sans cette part d'individualité qui est nécessaire pour qu'on s'intéresse à une œuvre collective. Il ne faut pas s'y tromper : les travaux collectifs ne demeurent pas dans le souvenir ; il faut le clou du nom propre pour fixer et attacher nos impressions. Voltaire restera, c'est Voltaire ; l'Encyclopédie, ce travail parallèle et fait en commun, s'oublie tous les jours. Or, Villenave a nettement dessiné sa personne dans son journal. On y sent son souffle, son haleine. Quand son nom n'est pas au bas de l'article, on y cherche sa simple initiale. Il faudra attendre jusqu'à Victor Mangin pour retrouver, dans le journalisme nantais, cette longue et forte trace d'une seule plume.

Ce journal nous a retenu trop longtemps.

Reprenons notre récit ; retrouvons l'avocat.

Charette avait été pris, les armes à la main, en mars 1796 (ventôse, an IV). Il fut conduit à Nantes, et livré aux tribunaux militaires. On a son interrogatoire ; le surplus de son dossier manque. Une main amie l'aura fait disparaître, en 1814 ou en 1815. Charette fut défendu par Villenave. Cette défense n'a pas été retrouvée. On lit seulement dans un journal du temps : « Les moyens de défense de Charette » et de son défenseur officieux furent de *prétendues* lettres écrites » par un adjudant au curé de Mormaison, qui lui promettaient la » permission de sortir du territoire de la République, s'il voulait » mettre bas les armes, et qui, sur son acceptation, lui assuraient

---

(1) La rédaction en chef de Villenave ne suivit pas le journal jusqu'à sa fin ; elle cessa le 30 messidor, an VII. — Il resta simple collaborateur. Il reprit la rédaction en chef le 1er nivôse, an VIII, au n° 517, immédiatement après le 18 brumaire. Villenave avait acclamé la constitution de l'an III (V. p. 5 de sa justification) ; il n'aura que des hymnes pour le régime consulaire. Au moins, ici, il sera dans le vrai. L'époque consulaire est une grande époque. C'est un point jugé en histoire.

» une suspension d'armes jusqu'à ce que cet officier eût reçu les
» pouvoirs suffisants pour traiter. — Charette assura que, s'il ne se
» fût pas fié à cette promesse, il n'eût pas été pris. » Villenave a
transmis les seuls détails dont l'histoire puisse profiter. Suivant le
défenseur, Charette répondit à l'interpellation : *Pourquoi avez-vous
repris les armes ? — Pour ma religion, pour ma patrie et pour mon
roi.* « Charette, dit encore Villenave, écouta son arrêt de mort avec
» un sang-froid imperturbable, et sans accuser, par un seul mot, ni
» les juges, ni le jugement. Avant son exécution, qui suivit immé-
» diatement la condamnation, il causa tranquillement avec les géné-
» raux, et les étonna, sur le théâtre de sa destruction si prochaine,
» par une conversation suivie.... (¹) »

Un autre procès, qui eut aussi son retentissement, fut celui du
général Montbrun.

Hugues Montbrun était accusé d'avoir livré le Port-Républicain
(Port-au-Prince, Saint-Domingue) aux Anglais ; d'avoir accaparé
des marchandises ; d'avoir commis des vexations envers les neutres ;
d'avoir exporté, à titre de commerce, des denrées à Saint-Thomas (île
danoise) ; enfin, de s'être livré à des actes arbitraires dans son gouvernement. Montbrun fut traduit devant le conseil de guerre de la
douzième division, séant à Nantes. Il y comparut, le 14 prairial,

---

(1) Ce serait abuser singulièrement du droit d'épisode que d'aborder l'arrestation de Charette au sujet de la mince défense que lui prêta Villenave
devant la commission militaire. Les amateurs de détails contemporains peuvent,
sur la capture du héros vendéen (*dux partium*), chercher aux pages 359 et suivantes de la publication de Peltier (*Paris*, pendant l'an 1796, t. VI). Peltier est
royaliste, mais il ne recule pas devant l'insertion des documents.

Peltier donne un extrait de la *Sentinelle* de Louvet. On lit dans cet extrait :
« Villenave, dont tu connais le patriotisme et les talents d'observation, était le
» défenseur de Charette : il assure que Charette était un homme très-ordinaire,
» sans moyens, sans connaissances. » Quel était donc le correspondant de Louvet !

On raconte un fait qui vient à l'appui de cette mort calme et courageuse dont
parle Villenave. Comme on conduisait Charette au supplice, il fut insulté par
une personne qui se tenait à la fenêtre d'une maison. « Halte ! » cria Charette,
en s'adressant à son escorte. L'insulte avait frappé son oreille. Il fit demander un
verre d'eau dans cette maison même ; un domestique le lui apporta en tremblant ;
puis, quand il eut bu, il remercia d'un air affable et gracieux, et donna lui-même
le signal de la marche. Arrivé au but de la course, disent les Mémoires de Mgr
Brumauld de Beauregard, il s'aperçut qu'on l'avait placé trop loin des soldats ; il
s'avança de deux pas, leva les yeux au ciel et tomba en criant : Vive le Roi !

au VI, assisté de Villenave, défenseur officieux. Il fut acquitté à l'unanimité. Villenave s'en explique dans une lettre adressée au *Publicateur nantais*, et qui y fut insérée le 15 prairial, le lendemain du jugement. On y lit : « ... 191 pièces à charge, 400 à décharge ; un
» interrogatoire de 170 pages in-folio ; un rapport qui a duré *4 jours;*
» une plaidoirie qui en a *pris six* ; un officier supérieur prévenu
» de grands crimes, détenu depuis quatre ans ; une justification écla-
» tante de force et de vérité ; la situation de nos colonies enfin
» connue ; de grandes vérités dévoilées ; les dévastateurs de Saint-
» Domingue démasqués..., tout donnait à cette affaire un caractère
» national, un grand intérêt et beaucoup de solennité... »

Villenave ne s'oublie pas.

« Je l'ai défendu avec ce zèle et cet intérêt qu'inspirent les grandes
» infortunes et la conviction intime de l'innocence d'un accusé.... »

L'acquittement de Montbrun fut, en effet, très-honorable. Le juge-ment finit en disant *que la conduite du prévenu, bien loin d'avoir été répréhensible, a été digne d'éloges et à l'abri de tout soupçon...*

Villenave a dit, dans ses notes, qu'il avait été appelé à défendre bon nombre d'émigrés et de prêtres mis en jugement. Il a dit vrai. Trop longue serait la liste des affaires dans lesquelles il prit la parole. Citons un seul de ces débats, ou plutôt son issue, et la mention qui en fut faite, et comment, dans le *Journal de Nantes*. Cela peint l'époque. Mathieu de Gruchy, prêtre, avait été traduit devant une commission militaire, en vertu des articles XVI et XVIII de la loi du 19 fructidor. Villenave l'y défendit. Mathieu de Gruchy fut con-damné, le 7 frimaire, an VI (26 mai 1798), à la peine de mort, qu'il subit le lendemain (1). Le *Journal de Nantes* mentionne la sentence et l'exécution. L'entre-filet qui précède est signé Villenave ; il traite plaisamment d'une maladie épidémique qui régnait sur les chats, et des remèdes à employer pour guérir les coliques de la race féline. Un peu plus loin, il y a une de ces grosses plaisanteries comme Molière s'en permettait contre les maris. Et tout est dit! Et voilà comme le journaliste inhumait, aux yeux de ses abonnés, le client de l'avocat!

---

(1) On trouve des détails sur ce Mathieu de Gruchy, ou plutôt *Mathieu Gruchi*, anglais de Jersey, dans les Mémoires de Brumauld de Beauregard, évêque d'Orléans, t. II, pages 146 et s. Mgr Brumauld dit que Gruchi ne fut pas défendu (p. 152). C'est une erreur.

Nous pourrions multiplier les exemples. Toujours à côté de l'exécution le rire graveleux qui fendait la bouche des masques d'Aris-
tophane ! Personne ne redoutait plus la mort, tant on était habitué
à la donner ou à la recevoir ! De nos jours, le journalisme est plus
sensible : il a appris à pleurer ; et puis chaque ligne se paie. Aussi,
c'est aujourd'hui l'époque des longs articles et des romans-feuilletons.

L'attention publique et son souvenir restent aux causes politiques
et aux grandes causes criminelles. Les affaires civiles n'ont ni cet
éclat, ni ce retentissement ; elles sortent bien rarement de la sphère
des intérêts privés ; elles y meurent. Villenave, dans sa Notice, ne
fait allusion qu'à ses défenses devant les tribunaux de répression. Il
avait, pourtant, une clientèle civile.

Il est bien difficile de juger un homme de parole qu'on n'a pas
entendu. Cette remarque est de tous les temps. Les contemporains
de Villenave commencent à disparaître ; je parle des contemporains
en état de l'apprécier, de 1792 à 1802. Nous n'avons trouvé, à ce
sujet, d'autre souvenir que celui que nous empruntons à Villenave
lui-même : « J'ai parfois regretté, dit-il, en parlant de ses défenses
» officieuses, ces émotions puissantes, cet enivrement, qui me fai-
» saient monter à la tribune, et improviser, sans aucune préparation,
» des discours que le bruit des applaudissements interrompait
» presque toujours, et dont il m'était impossible de me rappeler un
» seul mot... » Et encore ce passage, nous l'avouons, nous est fort
suspect ; tellement suspect, qu'en vérité, nous osons à peine croire
qu'il soit échappé à la plume de Villenave. Si Villenave avait tenu
ce langage à propos de ses allocutions politiques de 93, nous
le comprendrions ; car on retrouve là la tribune et les applaudissements. La peinture, en ce cas, serait à peu près exacte. Mais
Villenave ne parle que de ses succès au barreau. C'est après avoir
dit qu'il eut peut-être tort de négliger de prendre ses degrés, qu'il
ajoute les mots que nous venons de transcrire. Or, le prétoire n'a
pas de tribune, et on n'applaudit pas à l'audience.

Villenave nous a laissé les moyens d'apprécier sinon l'orateur, du
moins le légiste et l'écrivain judiciaire. On a de lui quelques mémoires imprimés à l'appui de défenses devant le tribunal civil.

Villenave revint à Nantes en l'an III. Le 7 pluviôse de cette
année, il prononça à l'audience du tribunal civil un plaidoyer, imprimé chez veuve Malassis. La cliente de Villenave était la *citoyenne*

Madeleine-Marguerite Murphy, v^e d'Andigné, demanderesse. Elle avait affaire aux époux Dumaine (la dame Dumaine était une Murphy). Villenave signe : *Fondé de pouvoirs*. Il a soin d'annoncer que son plaidoyer était appuyé de quatre consultations des citoyens Marie, Maisonneuve, Gedouin et Baron, hommes de loi. Il s'agissait d'une question de validité de partage. Cet écrit n'est pas sans valeur; mais il est permis de croire que toute la discussion juridique est amplement empruntée aux consultations des savants jurisconsultes, dont, du reste, Villenave avoue la collaboration. Ce procès Murphy se prolongea longtemps, car on trouve, à la date du 5 nivôse, an VII, un nouveau factum de Villenave, — élucubration longue, diffuse, dont l'auteur avoue lui-même l'aridité et la sécheresse.

Un meilleur morceau est sa réponse (20 ventôse, an VI) à un sieur Decombles, qui, à propos d'un procès, l'avait directement attaqué. Il y a, dans cet écrit, de la verve, de l'entrain, une animation que Beaumarchais n'aurait pas désavouée. Villenave y donne, dans un post-scriptum, quelques détails qui ne sont pas sans intérêt : « Vous » avez bien voulu, citoyen, attaquer ma délicatesse dans mon état » de défenseur officieux. J'embrassai cet état, à Nantes, en 1792, » d'après les conseils et les flatteuses instances du citoyen Gandon, » alors président du tribunal criminel. Il m'honorait de son estime et » de son amitié. Il me connut assez longtemps pour bien me juger. » Pendant un an et jusqu'à la fin de mars 1793, je défendis presque » seul à toutes les sessions du tribunal criminel. Je le fis toujours » gratuitement.... »

Nous avons horreur des minuties littéraires, des petits détails, des petits rôles, des petits coins, de tout ce bagage lilliputien mis à la mode par l'école homœopathique de M. Sainte-Beuve. Nous nous bornons donc à constater que Villenave avait un beau cabinet. Pourtant, nous ne saurions omettre une affaire curieuse, non célèbre, mais, comme le dit Villenave, remarquable par sa singularité, et qui donna naissance à plusieurs mémoires. C'était le procès du sieur Perdriau contre veuve Fraissine. Une citation un peu étendue fera connaître, mieux que toutes les appréciations, le genre de Villenave, à cette époque.

Voici le début :

« La cause pendante entre le citoyen Perdriau et la citoyenne » Fraissine, n'est pas une cause célèbre, mais il en est peu d'aussi » remarquables par leur singularité.

» Il s'agit de savoir si des fourmis et d'autres insectes noirs,
» d'abord appelés *barbots*, puis *kakerlaques*, et définitivement
» blattes, peuvent infester une maison au point d'autoriser une
» demande en résolution de bail et en dommages-intérêts...

» Il ne s'agit pas, dans ce procès bizarre, de quelques fourmis,
» mais d'une grande fourmilière existante, depuis plusieurs années,
» dans la maison de la citoyenne Fraissine, et qui en infeste totale-
» ment plusieurs appartements. — Il ne s'agit pas de quelques
» insectes faciles à chasser ou à détruire, mais de myriades de
» fourmis dévorantes et dévastatrices, qui sont, dans la maison
» Fraissine, ce que le citoyen Athénas, arbitre nommé de justice,
» appelle, dans son procès-verbal, une *contagion....* »

Dans cet écrit, les citations abondent. Villenave, qui les aime,
s'en est donné à cœur joie, comme l'homme de la Bruyère. Il cite
Virgile, il cite Raynal, il cite Valmont-Bomare, il cite Boileau, sans
compter le droit romain, dont on faisait alors plus grand usage que
de nos jours. On ne cite plus les réponses des Prudents que par
exception. Le style est vif, accentué. La discussion est bien conduite.

L'honorable M. Baron, mort président du tribunal civil, *conseil*
(il signe ainsi) de la veuve Fraissine, répondit au mémoire de Villenave. Celui-ci répliqua, ce qui amena une seconde réponse de
Baron. Baron se moque assez agréablement de tout le tapage que
fait son adversaire :

« C'est cependant cette cause qui a été solennisée dans les
» gazettes, comme si la France entière devait s'en occuper. Enfin,
» toujours attentif aux convenances et aux procédés, il (Villenave)
» vient de répandre, au moment de l'audience, un mémoire imprimé,
» où il met à contribution les jurisconsultes, les naturalistes, les
» historiens, les poètes même. — Et pourquoi cette philippique ! —
» Pour faire du bruit, de l'érudition, de l'esprit, surprendre les juges
» et le public.... Les intentions sont modestes et honnêtes... »

Le mémoire de Baron était piquant et solide, un peu amer. Villenave en sentit la portée. Le début de sa réplique me plaît :

« Le conseil de la citoyenne Fraissine n'a vu, dans le procès des
» blattes et des fourmis, que des enquêtes ambiguës, des expertises
» conjecturales, des juges cédant à la surprise, ordonnant des
» approfondissements manifestement inutiles, perdant de vue les
» principes, mais dont il espère le retour à la règle...

» Quant au citoyen Perdriau, il est gravement injurié par des
» apophthegmes latins : *is fecit scelus cui prodest; semel mendax,*
» *semper mendax,...* et on lui applique aussi *en français* quelques
» bonnes pages du vocabulaire des injures...

» Je ne pouvais me sauver dans cette mêlée. Je reçois de rudes
» étrivières sous le manteau de mon client ; c'est-à-dire, que de tous
» les coups qu'on lui porte, la plupart retombent sur moi...

» Je n'appellerai pas cette manière indirecte de me combattre un
» ménagement ; mais un système de plaisanterie, qui, comme le
» procès, *est inouï dans les annales de la jurisprudence.*

» Le conseil de la citoyenne Fraissine se plaint beaucoup des
» procédés de mon client ; mais puis-je bien me louer des siens?

» Au surplus, je serais loin de m'en plaindre, s'ils partaient d'un
» homme que je ne fisse pas profession d'estimer. C'est donc à
» regret que je me vois jeté dans la lice, et que je suis obligé de me
» défendre. Je ne suivrai point le citoyen conseil de la citoyenne
» Fraissine dans son itinéraire ; je me contenterai de relever quel-
» ques-uns de ses faux-pas... »

C'est là de bon style et de bonne défense. Le reste tient les pro-
messes de l'exorde. Il y a du bon sens, de la rapidité, du trait, de
l'ironie. Voici un dernier passage :

« On nous a reproché d'avoir mis à contribution les naturalistes
» et les historiens, en discutant le fait; comme on nous a blâmé
» d'avoir cité les jurisconsultes, en discutant le droit. En vérité, c'est
» être aussi trop sévère... ou trop plaisant.

» Lorsque l'âne de Vanvres fut mis en cause et accusé d'in-
» continence et de méchanceté, deux avocats célèbres (Lalaure et
» Rigoley) se permirent d'égayer la matière, par un peu d'érudi-
» tion. Ils citèrent de vieux manuscrits, Vely, les Lettres édifiantes,
» Buffon, Horace, Virgile, des hymnes même. Personne n'y trouva
» à redire...

» Je n'ai pas le temps de poursuivre plus loin l'examen et la cri-
» tique si facile du mémoire de la citoyenne Fraissine. On voit qu'il
» ne *fourmille* assurément ni de modestie, ni de force, ni de vérité.
» Peut-être eût-on été plus honnête dans la forme, si le procès eût
» été meilleur au fond. Mais attaquer, en même temps, et les
» témoins, et les experts, et la partie adverse, et son défenseur,
» et les juges, c'est se condamner soi-même... »

Baron se fâcha. Son second mémoire fut un peu brutal. Villenave aurait eu raison de lui dire, avec Florian :

> Marchons ensemble en paix;
> Le chemin est assez mauvais
> Sans nous jeter encor des pierres (1).

Villenave ne fut pas heureux : le tribunal civil écarta la demande en résolution de bail, en se fondant sur ce que la jouissance de l'appartement n'était pas physiquement impossible. Nous disons cela pour les curieux du résultat du procès des blattes et des fourmis, qui resta longtemps en tradition au barreau de Nantes (2) et qu'on y cite encore.

<h2 style="text-align:center">III.</h2>

Nous avons vu dans Villenave l'homme politique, l'orateur des clubs, le pamphlétaire, le journaliste, l'avocat : il nous reste à voir (et ce sera court) le littérateur.

Villenave, par son début poétique, dans ses plaidoyers, dans ses brochures, laissait aisément deviner ses penchants littéraires. Ces goûts-là se trahissent toujours. Il y a toujours de l'homme de lettres dans ses travaux judiciaires, dans ses mémoires du barreau. On devine que, mis à même de choisir entre les règles sévères d'une profession sérieuse et les fantaisies plus ou moins capricieuses de la littérature, Villenave n'hésitera pas. En effet, Villenave est mort à Paris, au milieu des occupations littéraires et bibliographiques ; mais déjà, à Nantes, c'était un lettré.

Le lendemain de la mort de Charette, on célébrait à Nantes la *fête de la Jeunesse* (10 germinal, an IV — 30 mars 1796). Villenave y harangue. Il y paraît comme professeur de littérature et d'éloquence

---

(1) La querelle s'envenima. Le *Publicateur* du 17 nivôse an VIII contient un petit article, évidemment de Villenave, qui attaque Baron sans le nommer. La prose est virulente; on casse les vitres. Les adversaires judiciaires de Villenave se plaignaient de la publicité partiale dont il usait avec son journal. Baron s'en était plaint. Villenave eut le tort inexplicable de nier. On lui répondit en lui citant le n° 533 du *Publicateur,* précisément celui du 17 nivôse.

(2) Jugement du tribunal civil de Nantes du 14 pluviôse, an VIII.

à l'*Institut national*. Villenave s'y pose comme un des *fondateurs* de cette liberté, qu'il méconnaîtra, aussi lui, plus tard, et pour laquelle il n'aura plus que des paroles de critique et d'amertume, dans ses articles de la *Quotidienne* (6 et 7 août 1815) : mais, en l'an IV, l'âge n'avait pas éteint toute chaleur.

En l'an VII, cet Institut national se nommait l'Institut des Amis Réunis. L'un des professeurs adjoints, Pierre Delalande, mourut. On lui fit des obsèques et des discours. L'inévitable Villenave y paraît avec son allocution obligée. Nous n'aimons pas cette éloquence qui se fait la pleureuse de toutes les tombes. On finit par s'y habituer, comme aux tentures noires et aux draperies du catafalque. Villenave avait l'habitude des discours d'inhumation. En songeant à lui, on se rappelle involontairement ce Parisien dont se moque Rica (*Lettres persanes*), et qui s'était promené à cinq cent trente enterrements.

En l'an VIII, Villenave adressait un bon discours aux élèves de l'Institut des Amis Réunis, avant la distribution des prix. Villenave apprécie avec justesse et avec concision (ce qui n'est pas toujours son habitude) l'une des plus belles conquêtes de 89 :

« Duguay-Trouin ne put être amiral ; Chevert ne put devenir ma-
» réchal de France ! S'ils vivaient aujourd'hui, l'un commanderait
» nos flottes, l'autre nos armées. Avant le 14 juillet, Bonaparte, qui
» a rempli le monde de sa gloire et de son nom, n'eût pu être admis
» à l'honneur de commander un régiment ; le pacificateur de la Ven-
» dée, Hoche, officier subalterne, n'eût pu être placé à la tête d'une
» compagnie. Les consuls de la République, nos ministres, nos am-
» bassadeurs, nos généraux, nos administrateurs, nos juges, eussent
» végété sans emploi, obscurs et méprisés, dans ce qu'on appelait le
» bas palais, les bas officiers, la roture, la bourgeoisie..... Aujour-
» d'hui, la carrière la plus vaste est ouverte à l'honnête ambition et
» au mérite réel.... »

Ce discours mérita à Villenave les éloges publics et flatteurs de M. Letourneur, alors préfet du département.

Plus tard, entraîné par une fatale réaction, Villenave sera moins juste, lorsque dans sa brochure des *Destins de la France* (Paris, Michaud, imprimeur du roi, 1815), il ira jusqu'à blâmer les députés aux États-généraux d'avoir *supprimé les trois ordres* et *sapé tous les fondements* de l'ancienne monarchie.

En l'an IX, nous retrouvons Villenave professeur de belles-lettres au même Institut.

La feuille nantaise du 13 vendémiaire, an XI, contient ce petit entre-filet :

« Collége des Amis Réunis. — Ci-devant local des Cordeliers. —
» Les cours sont ouverts aujourd'hui (5 octobre 1802). La distribu-
» tion en sera la même que les années précédentes. Les professeurs
» sont aussi les mêmes, *excepté M. Villenave*, nommé historio-
» graphe de France. »

Nous n'avons pas pu vérifier si cette charge d'historiographe de France, que Boileau avait partagée avec Racine (*in partibus*), était effectivement devenue la propriété officielle de Villenave. Lui-même, dans les notes qu'il a laissées sur son compte, se tait sur cette cir- constance. — « A la fin de l'année 1803, dit-il, je vins me fixer à
» Paris, et je me logeai rue Saint-Victor, à un cinquième étage,
» dans l'appartement du poète Delille. J'avais abandonné la poésie
» depuis que j'étais entré dans la vie politique ; je faisais jadis des
» madrigaux fades, des épigrammes sans sel, je m'étais rendu justice.
» Mes goûts, d'ailleurs, avaient changé, comme il arrive souvent
» aux différentes phases de la vie. J'embrassai avec amour la carrière
» laborieuse du savant et de l'homme de lettres. » Pas un mot du poste d'historiographe (1).

Un annotateur (c'est le mot) de la vie et des actes de Villenave, M. Loudun, nous dit dans sa brochure :

« Dans les premières années de l'Empire, M. Villenave commença
» cette suite de travaux sérieux, de recherches longues et impor-
» tantes, d'études historiques dont la liste étonne.... » Et M. Loudun cite notamment la traduction des Métamorphoses d'Ovide, les articles de la Biographie Michaud, une nouvelle Vie des Saints, et une grande histoire de France, des éditions diverses.... Pas un mot du poste d'historiographe. Nous croyons que l'entre-filet prémédité du journal de Nantes couvrait non-seulement une retraite, mais une défaite. Il nous a été affirmé par un contemporain, généralement bien informé (l'honorable M. de la Jarriette), que Villenave avait ardemment sol-

---

(1) Dans l'article Ricard, traducteur de Plutarque (*Biographie Michaud*), Villenave dit que Ricard avait été choisi pour continuer Garnier, qui s'était désisté en sa faveur, et que Ricard avait engagé Villenave à se charger de ce fardeau. Il paraîtrait que c'est à cela que s'est bornée l'*historiographerie*, pour nous servir du mot de Voltaire.

licité la place de secrétaire général de la préfecture de Nantes. Il échoua. On lui préféra Huet de Coëtlisan. Nous croyons qu'on fit bien. Tant est-il que Villenave, ému de son insuccès, devenu impossible au barreau, quitta Nantes (fin 1803).

Avant son départ, Villenave fit vendre sa bibliothèque. Le catalogue en fut imprimé chez P.-J. Brun, en floréal, an XI (mai 1803). La vente eut lieu le 19 prairial (8 juin) et jours suivants. Nous avons entre les mains ce catalogue. La bibliothèque de Villenave était riche, et nous nous étonnons qu'un homme qui se destinait à la carrière des sciences historiques et littéraires ait voulu s'en défaire.

Quoi qu'il en soit, c'était briser tous ses liens avec Nantes. Ils furent irrévocablement rompus. Mais, pendant dix ans, Villenave fut l'hôte de Nantes. A partir de 1803, Villenave ne nous appartient plus ; et nous lui rendons sa liberté, heureux de reprendre la nôtre, trop longtemps engagée dans cette notice.

Finissons donc.

Villenave a eu incontestablement du talent. Ce qui lui manqua, ce fut le caractère, la fermeté. Trop artiste, trop ému, trop souvent abandonné à lui-même par lui-même, Villenave a donné de singuliers exemples de tergiversation. Nous avons signalé ces nuances successives et bien tranchées : l'abbé de cour, l'ami de Bailly, l'ami de Barère, le fondateur du *Rôdeur,* l'apologiste de Saint-Fargeau, le président des sociétés populaires, l'accusateur public de 93.... C'est là l'âpre sommet.... Jusqu'à ce jour, Villenave a gravi le sentier de ses jours. Il va le descendre... Le malheur arrive ; la faiblesse ne cesse pas. Hélas ! elle s'augmente : pour se sauver, il s'accuse de crimes imaginaires et revendique des complicités qui, grâce à Dieu ! n'ont existé que dans sa frayeur. Villenave est pour la constitution de l'an III ; il est pour le Consulat. Il rédigera, sous l'Empire, le Journal des Curés, qui était subventionné par le gouvernement de l'époque. En 1815, Villenave sera le collaborateur de la *Quotidienne ;* il mêlera sa voix à celles qui alors reniaient 89, ne voyant dans la Révolution que des crimes, dans l'Empire que son despotisme. Aussi, pourquoi franchirions-nous la limite de notre programme nantais, que nous avons tracé au commencement de cet article ? Pourquoi irions-nous chercher au delà de 1803 les preuves d'une défaillance politique trop bien constatée ? Ce sont là de fâcheux spectacles. Ce qui sauve Villenave, c'est que, pour nous, c'est un artiste, non un traître. Il ne fait pas comme le prince de Benevent ou le duc d'Otrante : il ne vend pas ses fluctuations, ses trahisons. Villenave n'a trahi personne. Il n'a pas changé ses principes pour de l'or, ou des honneurs, ou des places. Ce n'est pas son intérêt qui change, c'est son émotion. Ce n'en est pas moins triste.

Est-ce à dire qu'on doive proscrire les repentirs politiques ? Est-ce à dire qu'il faille qu'un homme ayant reconnu son erreur s'y perpétue et y meure ? — Non. — Comme Fléchier, nous dirons volontiers :

« Il y a, dans la politique, comme dans la religion, une espèce de
» pénitence plus glorieuse que l'innocence même, qui répare un peu
» de fragilité par des vertus extraordinaires et par une ferveur con-
» tinuelle... »

Oui, par des vertus et des actes, comme Turenne, auquel Fléchier faisait allusion ! Non, par des brochures !

D'ailleurs, il faut le dire, le zèle monarchique de Villenave dura peu. En 1819, il passa dans l'opposition. Ses écrits prennent une autre teinte (¹). En 1829, on le trouve en contact avec Benjamin Constant et Guizot. En 1830, il célèbre les Trois Journées. Le mieux est donc de se taire. Le public, qui hésite entre le repentir et l'intérêt, accepte plus volontiers cette dernière interprétation. Le public est méchant, mais il n'est pas toujours sot.

Villenave a dit de Garat (²) : « Une imagination vive et méridionale,
» un caractère faible, un esprit rêveur, et souvent emporté dans les
» ténébreuses régions de l'idéologie, expliquent en lui l'homme bon
» et *versatile....* Philosophe rêveur, il se montra dans la Révolution
» avec sa bonne foi optimiste, et, sans se le persuader, *trembleur...*
» c'est fort ingénument qu'il trouva, dans sa bonhomie, des *éloges*
» *pour tout et pour tous....* Jeté par les tempêtes politiques dans
» les extrêmes, il n'y fut point emporté par de *mauvais penchants.*
» L'opinion publique lui a *facilement pardonné ses erreurs...* »
Après avoir lu ces lignes, on se demande si Garat était le Sosie de Villenave, et si ce dernier n'a pas voulu se peindre lui-même, sous le nom d'un autre.

---

(1) En 1815, Villenave, en collaboration avec Depping et Pierrot, fonda les *Annales politiques, morales et littéraires,* qui, en 1819, devinrent le *Courrier français.*

(2) *Biographie Michaud.*

Cette notice sur Garat contient des choses qui vous cassent les bras. Citons-en deux.

On sait que, le 3 mars 1793, Villenave prononça un discours funèbre (*sic*) à la mémoire de Michel Lepelletier, régicide de la veille tombé sous la vengeance du lendemain. Pourquoi louer Lepelletier? Son vote fut une lâcheté, comme il s'en commet beaucoup, en temps troublés, dans les assemblées politiques. Lepelletier crut, par un vote contre Louis XVI, faire oublier à la Révolution son nom, son titre, son rang, son immense fortune. Pourquoi donc louer Lepelletier? Enfin, le sujet parut bon à Villenave, et il y dépensa les plus belles fleurs de sa rhétorique. Voici ce que dit Villenave : « Son vote (celui » de Lepelletier) fut pour la mort du dernier de nos rois ; il l'énonça » librement, il l'émit avec courage... O honte ! ô sacrilége ! quel est » ce fer parricide qui vient d'ouvrir ses flancs? Un lâche, un infâme, » un assassin l'immole aux fureurs de l'aristocratie, à la rage des » royalistes ! Il l'immole parce qu'il fut juste, parce qu'il fut citoyen! » Français, donnez, donnez des couronnes et du fer : des couronnes, » pour honorer votre frère ; du fer, pour le venger !!.... »

Certes, l'émotion est vive, mais nette : Lepelletier mérite le Panthéon ; Pâris, les gémonies. Nous sommes, il est vrai, en plein 93. Laissez venir 1833, et, si vous ouvrez la biographie de Garat, vous y lirez avec stupéfaction ce qui suit : « Garat eut encore une *triste* » *mission* à remplir, le 21 janvier, celle de rendre compte à la » Convention de l'assassinat de Michel Lepelletier, et celle (la triste » mission) d'être chargé de poursuivre et de faire punir le coupable. » Les torts de Garat doivent être rejetés le plus souvent sur le mal- » heur des temps... » Si Lepelletier avait toujours été une sainte victime, Pâris un vil meurtrier, la mission de Garat n'aurait rien eu de triste ; au contraire, c'est une auguste mission, dans les solennelles époques, que de faire l'histoire des grands événements à une tribune libre.

On sait encore l'étrange façon dont Villenave se défendit devant le tribunal révolutionnaire ; il s'y défendit en s'imputant des participations fausses à des mesures sanglantes. Ouvrez la biographie de Garat, et vous y lirez : « *Parmi les sacrifices à la peur* que Garat » fit dans ces temps funestes, on peut citer sa lettre à Robespierre... » Villenave aurait dû ne pas parler si souvent des *sacrifices à la peur*, car il a avoué que cette terrible déesse, à laquelle les Romains élevaient des autels, ne lui était pas inconnue (voir sa justification, *Villenave à ses concitoyens*, 16 frimaire, an VII). — Il est vrai que Villenave admet les circonstances atténuantes pour Garat : « Disons, » non pour justifier Garat, mais pour l'excuser, que, pendant tout le » règne de la Terreur, il vécut sous le glaive. » C'est ce qu'il avait déjà fait pour lui-même. Tout cela, on le voit, manque de netteté. Il est dans la destinée de Villenave d'oublier et de s'oublier. Comme Garat, ce qui l'absout en partie, c'est qu'il n'a jamais cédé à de mauvais penchants. Prenez Villenave à son début, quand il fait des odes ; prenez-le au club, à la section, au tribunal, au barreau, dans son journal, dans ses harangues, dans ses notices, partout où vous le prendrez, vous trouverez l'homme du premier mouvement, de l'entrain, l'homme du Midi ; rarement, l'homme de la réflexion. Nous concevons très-bien ses divergentes amitiés ; il devait aimer à la fois Bailly et Barère : quand il était avec Bailly, il pensait comme Bailly ; quand il se trouvait avec Barère, il était loin de le contredire. Si on se servait encore de métaphores, nous dirions que la barque de Villenave n'a manqué ni de voiles, ni de vent ; il y a même eu des souffles heureux ; le gouvernail a parfois été bien tenu. Que lui a-t-il donc manqué ? Il lui a manqué du lest, le lest de la conviction ou d'un fort attachement. Aussi sa barque, trop entraînée (*ô navis, referent in mare te novi fluctus !*), a été jetée à tous les écueils, a touché à tous les promontoires, depuis la présidence d'un club montagnard jusqu'à la collaboration de la *Quotidienne !* Nous ne signalons que les extrêmes ; mais combien de haltes dans tous les golfes ! A combien de brises il a confié sa voile, ce navigateur éperdu, qui n'a trouvé le port que dans la république des lettres !

Du reste, nous ne sommes pas sans savoir combien le jugement est difficile sur les hommes politiques et sur les époques agitées. Le plus grand des historiens l'a bien senti. Deux fois Tacite a placé ses immortelles peintures sous la sauvegarde de son impartialité, tant il sentait la tâche ardue ! Quand il annonce le règne de Tibère et les règnes suivants, il a bien soin de dire : « *Tiberii principatum* » *et cœtera, sine irâ et studio, quorum causas procul habeo...* Sans » haine et sans sympathie, car il n'y a en moi aucun motif de pas- » sion... » Quand il commence les Annales, l'historien romain redit encore, même pensée, autre forme : « *Mihi Galba, Otho, Vitellius,* » *nec beneficio, nec injuriâ cogniti...* Quant à moi, Galba, Othon, » Vitellius ne m'ont fait ni bien ni mal... »

Mais voici de bien érudites citations à propos de Villenave. Nous pouvons trouver plus près, moins haut, notre règle de conduite.

Dans ce même article sur Garat, Villenave fait sa profession de foi de biographe : — « *L'impartialité, dit-il, est due aux morts, la* » *vérité aux vivants ; cette tâche est souvent difficile, mais elle* » *est toujours un devoir.* » — Nous n'avons pas eu d'autre désir que celui d'appliquer à Villenave sa maxime.

Nantes, Imprimerie A^{nd} GUÉRAUD et Cie, rue Basse-du-Château, 6.